머리말

　本書は、日本語能力試験のN1からN5のレベルのうち、N2の試験対策を目的に、3回分の模擬試験を用意しました。

　本書の特徴は、問題数が豊富であることです。模擬試験が3回分収録されていますから、試験直前にとにかくたくさん問題を解きたいという場合に使うことはもちろん、試験の傾向を知るために1回、少し勉強してから1回、試験直前に1回といった使い方をすることもできます。本書を使って本番と同じ形式の問題を3回解いてみれば、試験の特徴は十分につかめるでしょう。

　また、本書では、あまり時間がない中でも必要な試験対策がとれるよう、解説を工夫しました。問題を解いて答えの正誤を知るだけでなく、効率よく、正解を導くためのポイントを学んだり、今まで学んできた知識を整理したりできるようになっています。

　N2に合格するためには、幅広い日本語の知識とそれを適切に運用する力が求められます。本書を使って繰り返し学習することによって、弱いところや苦手なところを補強し、日本語能力の向上を目指してください。

　本書がN2合格を目指す皆さんのお役に立てることを願っています。

著者・編集部一同

목차

머리말 ··· 2
이 책의 사용법 ·· 4
「일본어능력시험 N2」의 내용 ··· 5

모의고사 제1회 해답·해설 ·· 13
모의고사 제2회 해답·해설 ·· 37
모의고사 제3회 해답·해설 ·· 63

채점표 ··· 88

부록
「시험에 나오는 중요 어구·문형 리스트」 ··· 91

별책
모의고사 제1회 문제 ··· 1
모의고사 제2회 문제 ··· 43
모의고사 제3회 문제 ··· 85

해답 용지 ·· 127

〈이 책의 구성〉

- 모의고사는 전부 3회분이 있습니다.
- 문제와 해답용지는 부속 별책에, 해답·해설은 본책에 수록되어 있습니다.
- 청해용 MP3 CD가 1장 들어있습니다.

〈이 책의 사용법〉

① 3회의 모의고사는 (한 번에 풀지 말고) 각각 정해진 시간에 따라 나눠서 진행해 주세요.
　＊해답용지는 자르거나 복사해서 사용해 주세요.
　＊「언어지식(문자·어휘·문법) / 독해」에서는 문제를 푸는 데 걸리는 시간에 대해 목표 시간을 설정, 큰 문제별로 표시하였습니다. 참고하면서 풀어 주세요.

② 문제를 다 풀었으면 「해답·해설」을 보면서 정답을 맞춥니다. 틀린 부분은 확실히 복습해 주세요.
　＊해설이나 부록의 「시험에 나오는 중요 어구·문형 리스트」를 활용합시다.

③ 다음으로 채점표(p.88~89)를 이용해 채점을 하고, 득점을 기입해 주세요. 득점 결과를 바탕으로 부족한 부분은 없는지 확인해 주세요. 점수가 낮은 과목이 있으면 중점적으로 학습합시다.

④ 「해답·해설」의 「주요어휘」에서, □는 N2 레벨에 해당하는 어구를, △는 N2 레벨을 넘는 어구를 제시하고 있습니다.

「일본어능력시험 N2」의 내용

❶ N2 레벨

일상적인 장면에서 사용되는 일본어의 이해와 더불어, 보다 폭넓은 장면에서 사용되는 일본어를 어느 정도 이해할 수 있다.

읽기	• 다양한 화제의 신문이나 잡지의 기사·논설문, 쉬운 평론 등, 논지가 명쾌한 문장을 읽고 문장의 내용을 이해할 수 있다. ＊**논설문** : 어떤 테마·문제에 대해 순서에 따라 의견을 기술하거나 해설한 것 ＊**평론** : 대상의 장점·단점을 들면서 평가를 기술한 것 • 일반적인 화제의 글을 읽고 이야기의 흐름이나 표현의도를 이해할 수 있다.
듣기	• 일상적인 장면과 더불어, 다양한 장면에서 자연스러운 속도의 체계적 내용의 회화나 뉴스를 듣고 이야기의 흐름이나 내용, 등장인물의 관계를 이해하거나, 요지를 파악할 수 있다.

❷ 시험과목과 시험시간

- 「언어지식」과 「독해」는 105분 안에 같은 문제용지, 같은 해답용지로 진행됩니다. 자신의 페이스로 문제를 풀게 되므로, 시간배분에 주의합시다.

	언어지식 (문자·어휘·문법)·독해	청해
시간	105분	55분

❸ 합격 판정

- 「종합득점」이 「합격점」에 도달하면 합격합니다. 확실하게 만점의 60~70%의 점수를 얻을 수 있도록 합시다.
- 「득점 구분 별 득점」에는 「기준점」이 설정되어 있습니다. 「기준점」에 도달하지 못하면 「종합득점」에 관계 없이 불합격됩니다. 부족한 과목을 만들지 않도록 합시다.

	언어지식 (문자·어휘·문법)	독해	청해	종합득점	합격점
득점 구분 별 득점	0~60점	0~60점	0~60점	0~180점	90점
기준점	19점	19점	19점		

❹ 일본어능력시험 N2의 구성

		큰 문제	문항 수	내용
언어지식(문자·어휘·문법)·독해 (105분)	문자·어휘	1 漢字読み (かんじよみ)	5	한자로 쓰인 어휘의 읽는 법을 묻는다.
		2 表記 (ひょうき)	5	히라가나로 쓰인 어휘가 한자로 어떻게 쓰이는지 묻는다.
		3 語形成 (ごけいせい)	5	파생어나 복합어의 지식을 묻는다.
		4 文脈規定 (ぶんみゃくきてい)	7	문맥에 따라 의미적으로 규정된 말이 무엇인지 묻는다.
		5 言い換え類義 (いいかえるいぎ)	5	출제어와 의미적으로 가까운 말이나 표현을 묻는다.
		6 用法 (ようほう)	5	출제어가 문장 안에서 어떻게 쓰이는지를 묻는다.
	문법	7 文の文法1 (文法形式の判断) (ぶんのぶんぽう1 ぶんぽうけいしきのはんだん)	12	글의 내용에 맞는 문법형식인지 아닌지를 판단할 수 있는지 묻는다.
		8 文の文法2 (文の組み立て) (ぶんのぶんぽう2 ぶんのくみたて)	5	나열된 단어로 의미가 통하는 문장을 만들 수 있는지를 묻는다.
		9 文章の文法 (ぶんしょうのぶんぽう)	5	문장의 흐름에 맞는 글인지 아닌지를 판단할 수 있는지 묻는다.
	독해	10 内容理解(短文) (ないようりかい たんぶん)	5	생활·일 등 다양한 화제를 포함한 설명문이나 지시문 등 200자 정도의 지문을 읽고 내용을 이해할 수 있는지를 묻는다.
		11 内容理解(中文) (ないようりかい ちゅうぶん)	9	비교적 쉬운 내용의 평론, 해설, 에세이 등 500자 정도의 지문을 읽고 인과관계나 이유, 개요나 필자의 생각 등을 이해할 수 있는지를 묻는다.
		12 統合理解 (とうごうりかい)	2	비교적 쉬운 내용의 복수의 지문(합계 600자 정도)을 읽고 비교·통합하면서 이해할 수 있는지를 묻는다.
		13 主張理解 (長文) (しゅちょうりかい ちょうぶん)	3	논리 전개가 비교적 쉬운 평론 등 900자 정도의 지문을 읽고 전체적으로 전달하려는 주장이나 의견을 파악할 수 있는지를 묻는다.
		14 情報検索 (じょうほうけんさく)	2	광고, 팸플릿, 정보지, 비즈니스 문서 등의 정보소재(700자 정도) 속에서 필요한 정보를 찾아낼 수 있는지를 묻는다.
청해 (55분)		1 課題理解 (かだいりかい)	5	논지가 명쾌한 지문을 듣고 내용을 이해할 수 있는지(다음에 무엇을 하는 것이 적당한지 이해할 수 있는가)를 묻는다.
		2 ポイント理解 (りかい)	6	논지가 명쾌한 지문을 듣고 내용을 이해할 수 있는지(포인트를 집으며 들을 수 있는가)를 묻는다.
		3 概要理解 (がいようりかい)	5	논지가 명쾌한 지문을 듣고 내용을 이해할 수 있는지(지문 전체에서 화자의 의도나 주장을 이해할 수 있는가)를 묻는다.
		4 即時応答 (そくじおうとう)	12	질문 등의 짧은 발화를 듣고 적절한 응답을 고를 수 있는지를 묻는다.
		5 統合理解 (とうごうりかい)	4	긴 지문을 듣고 복수의 정보를 비교·통합하면서 내용을 이해할 수 있는지를 묻는다.

* 문항 수는 예상 숫자로 실제와 다를 수 있습니다. 본책에서는 국제교류기금 편저 『日本語能力試験 公式問題集 N2』(2012年, 凡人社)의 내용을 참고로 구성하였습니다.

시험에 관련된 최신 정보는 일본어능력시험 공식 홈페이지(☞http://www.jlpt.or.kr)에서 확인하세요.

N2 각 문제의 패턴과 해답 포인트

📑 언어지식

問題 1 【漢字読み】 → 한자의 올바른 읽기를 고른다.

자주 나오는 문제·어구
- 어려운 훈독(예 補う、逆さま)
- 장음인지 아닌지(예 伸ばす-上級　伸ばさない-初級)
- 촉음이 있는지 없는지(예 詰まる-日課　詰まらない-二課)
- 탁음이나 반탁음이 붙는지(예 付く-状態　付かない-招待)
- 둘 이상의 한자로 음의 변화가 있는지 없는지(예 変化する-「直+角 → 直角」変化しない-「直+線 → 直線」)

★ 틀렸다고 생각되는 것은 바로 지우고 남은 것 중에서 답을 찾도록 하자. 평소부터 훈독에 주의.

問題 2 【表記】 → 히라가나 부분의 올바른 한자를 고른다.

자주 나오는 문제·어구
- 음독은 부수나 음이 비슷한 글자에 주의(예 ねんりょう-1 燃料　2 撚料　3 然量　4 撚量)
- 훈독은 의미가 비슷한 한자에 주의

問題 3 【語形成】 → 말과 말 사이의 연결에 올바른 한자를 고른다

자주 나오는 문제·어구
- 어두에 「未、不、無、非」등이 붙는 어휘(예 設定 → 未設定、常識 → 非常識)
- 어두에 「現、副」등이 붙는 어휘(예 会長 → 副会長)
- 어미에 「感、費、面」등이 붙는 어휘(예 達成 → 達成感　社会 → 社会面)
- 두 개의 말이 연결된 어휘(예 走る+回る → 走り回る)

問題 4 【文脈規定】 → 문장에 맞는 어휘를 고른다.

자주 나오는 문제·어구
- 비슷하지만 의미가 다른 어휘(예 鑑賞と観賞　会うと合う)
- 같은 한자를 포함한 말, 모양이 비슷한 어휘(예 検査と検討)
- 관용 표현, 의성어, 의태어(예 うれしくてわくわくする)

| 問題5 | 【言い換え類義】→ 의미가 거의 비슷하여 바꿔 쓸 수 있는 말을 고른다. |

★ 조금 어려운 어휘의 의미 등에 대한 문제. 특히 가타카나 어휘에 주의.

| 問題6 | 【用法】→ 문장 속에서 올바르게 사용된 것을 고른다. |

• 앞뒤 말과의 연결이 올바른가   • 사용된 장면이 적절한가

| 問題7 | 【文の文法1（文法形式の判断）】→ 문장에 맞는 문형을 고른다. |

★ 앞 단어와의 연결이 올바른지, 뒤에 연결되는 내용이 맞는지가 포인트. 의미와 접속 형태 모두 주의한다.

| 問題8 | 【文の文法2（文の組み立て）】→ 나열된 단어를 재배열하여 문장을 완성시킨다. |

★ 재배열했을 때 ___★___ 부분에 오는 말(⇒정답 번호)을 틀리지 않도록 주의.

문제 예

次の文の ___★___ に入る最もよいものを、1・2・3・4の中から一つ選びなさい。

偉そうなことを ____ ____ ★ ____ 上手くなかった。
1 スピーチは   2 割には   3 言う   4 彼の

풀이 방법

偉そうなことを __言う__ __割には__ , __彼の__ __スピーチは__ 上手くなかった。

| 問題9 | 【文章の文法】→ 장문을 읽고 문법적으로 맞는 말을 넣는다. |

문제 예

問題7 次の文章を読んで 41 から 45 の中に入る最もよいものを、1・2・3・4から一つ選びなさい。

　昨今、B級グルメなるものがあちこちで話題となっている。互いの自慢の料理を競い合うイベントが開催されたり、町おこしや商品化につながったりと、ちょっとした経済効果を生み続けており、景気の悪いニュースの一方で、明るい話題 41 。一つ星店の高級日本料理における深く繊細な味は、それだけで日本が誇るべき伝統の文化であり、職人たちの研ぎ澄まされた技と心には尊敬の念すら感じるものだ。 42 、このB級グルメも、私たち日本人の食へのあくなき情熱を感じさせられるものとして誇らしく感じるものなのである。・・・（以下略）

41
1 であってほしい   2 でなければならない   3 といえるだろうか   4 ともなっている

42
1 しかし   2 というのも   3 だから   4 そう言えば

(정답 : 41 4　 42 1)

 # 독해

> **독해 문제 공통 포인트**
> 1. 지시어의 내용을 파악한다.
> 2. 문말표현, 내용에 주의한다.(→ 본문, 선택지 둘 다)
> 3. 접속사에 주의하면서 논리전개를 파악한다.
> 4. 바꿔 말하고 있는 것, 반복해서 말하고 있는 것은 중요한 포인트.
> 5. 부정이나 역접 뒤에 자신의 의견이나 주장이 기술되어 있는 경우가 많다.
> 6. 중요한 곳이나 잘 모르는 곳에 동그라미를 치거나 밑줄을 치면서 읽는다.

問題 10 【内容理解（短文）】 → 200자 정도의 글을 읽고 내용을 이해할 수 있는지를 묻는다.

자주 나오는 문제·어구

- 筆者が最も言いたいことは何か
- 筆者の考えに合うのはどれか
- 筆者は(何が/どのように/どんな…)考えているか

★ 주제(주된 테마)에 주의하여 선택지의 문말부분의 차이를 잡는다.

問題 11 【内容理解（中文）】 → 500자 정도의 글을 읽고 이유나 원인, 필자의 생각 등을 이해할 수 있는지를 묻는다.

자주 나오는 문제·어구

- …理由/原因は何か(~はどうして…か)
- …たのはなぜか
- ○○○とはどういう意味か／(ここでの)○○○とは何か
- 筆者の考えによると…何か
- ~について筆者が最も言いたいことは何か

★ ① 지시어(それ、そのように、このこと、…)의 내용을 파악한다 → 직전 혹은 조금 앞에 지시어의 내용이 있는 경우가 많다.
　② 밑줄의 내용에 대해서는, <표현은 다르지만 같은 것을 말하고 있는 부분><앞 부분에서 제시된 구체적인 예>에 주목한다.

| 問題 12 | 【統合理解】 | → | 복수의 글(합계 600자 정도)을 읽고 비교·통합하면서 내용을 이해할 수 있는지를 묻는다. |

자주 나오는 문제·어구

- 〈문장〉 작품이나 상품 등의 평가
- 〈문장〉 찬성·반대 각각의 입장에 따른 의견
- 〈문제〉 ～について、ＡとＢはどのように述べているか。
- 〈문제〉 ＡとＢのどちらにも書かれている内容はどれか。
- 〈선택지〉 Ａは…と述べ、Ｂは…と述べている。
- 〈선택지〉 Ａは～的だが、Ｂは～的。
- 〈선택지〉 ＡもＢも…。／ＡもＢも～だが、Ｂは…。

★ 우선 질문을 읽고,「무엇을 묻고 있는지」확인한다. 그 후에, Ａ·Ｂ의 공통점이나 차이점에 주의하면서 본문을 읽는다.

| 問題 13 | 【長文（主張理解）】 | → | 900자 정도의 문장을 읽고, 전체적으로 전달하고자 하는 주장이나 의견을 파악할 수 있는지를 묻는다. |

자주 나오는 문제·어구

- 신문의 논설문이나 평론
- 사회·인생·문명·역사·예술 등을 테마로 한 것

★ 주장이 나오는 부분(～ではないか、～と思う、～気がする 등)에 주목한다.

| 問題 14 | 【情報検索】 | → | 정보소재(700자 정도) 속에서 필요한 정보를 찾을 수 있는지를 묻는다. |

자주 나오는 문제·어구

- 광고
- 팸플릿(상품이나 서비스 내용)
- 게시물(이벤트 안내·모집 등)
- 정보지(구인·부동산 등)
- 비즈니스 문서

★ 시간이나 장소, 방법, 조건 등 자주 사용되는 어구를 파악해 두자.

청해

> **청해 문제 공통 포인트**
> 1 음성은 한 번밖에 들을 수 없으므로, 한 문제 한 문제 집중해서 듣는다.
> 2 답이 헷갈려도 거기에 시간을 들이지 않는다(→ 다음 문제에 집중할 수 없게 된다).
> 3 질문을 확실히 듣는다.
> 4 주어나 목적어 등 회화에서는 생략되는 경우가 많으니 주의한다.

問題 1 【課題理解】 → 두 사람의 회화를 듣고 내용을 이해할 수 있는지를 묻는다.

흐름
① 문제를 듣는다
② 선택지를 본다
③ 설명과 질문(첫 번째)을 듣는다
④ 회화를 듣는다
⑤ 질문(두 번째)을 듣는다 → 답을 고른다

자주 나오는 문제·어구
- ～はこの後、どうしますか。
- ～は何をしなければなりませんか。

★ 「무엇이 부족한지, 충분하지 않은지」에 중점을 두고 듣는다. 또한, (상대말이 말한 것에 대해) 부정하거나 부분적으로 바꾸는 경우가 많으므로 주의.

問題 2 【ポイント理解】 → 두 사람의 대화 또는 한 사람의 스피치 등을 듣고 포인트를 파악할 수 있는지를 묻는다.

흐름
① 문제를 듣는다
② 선택지를 가볍게 본다
③ 설명과 질문(첫 번째)을 듣는다
④ 선택지를 본다(약 20초)
⑤ 회화를 듣는다
⑥ 질문(두 번째)을 듣는다 → 답을 고른다

자주 나오는 문제·어구
- ～は「何が/何を/どのように/どうして…」と言っていますか。
- 「最も～は何だ/どこだ」と言っていますか。

★ 처음 늘은 실분을 생각하며 흐름을 쫓는다. 누구에 대한 것인지(남자인지 여자인지, 점원인지 손님인지 등)도 파악한다.

| 問題 3 | 【概要理解】→ 한 사람 혹은 두 사람의 회화를 듣고 전체적인 취지를 이해할 수 있는지를 묻는다. |

흐름

＊선택지는 문제지에 인쇄되어 있지 않음.

① 설명을 듣는다
② 이야기를 듣는다
③ 질문을 듣는다
④ 선택지를 듣는다 → 답을 고른다

자주 나오는 문제・어구

- ～は何について話していますか。
- 話のテーマは何ですか。／どのようなテーマで話していますか。
- ～はどう考えていますか。

★ 「무엇에 대한 것인가」 「무엇이 테마인가」 「무엇을 말하고자 하는가」를 염두에 두고 듣는다 (자세한 설명 내용은 중요하지 않다).

| 問題 4 | 【即時応答】→ 질문 등 짧은 발화문을 듣고 그것에 맞는 대답을 이해할 수 있는지를 묻는다. |

★ 직장에서의 회화가 많으므로, 자주 사용되는 짧은 회화표현을 체크해 둔다. 「사례나 감사의 말」이 정답과 오답 양쪽에서 자주 사용되니, 어떤 장면에서 사용하는지 이해한다.

| 問題 5 | 【統合理解】→ 긴 이야기를 듣고 복수의 정보를 비교・통합하면서 내용을 이해할 수 있는지를 묻는다. |

흐름

① 설명을 듣는다
② 이야기를 듣는다
   (「세 사람의 회화」나 「한 사람의 이야기+두 사람의 회화」등)
③ 질문을 듣는다
④ 선택지를 듣는다 → 답을 고른다

자주 나오는 문제・어구

- 한 사람의 이야기(전문가, 강사, 점원 등)+(그것을 들은) 두 사람의 회화
- 세 사람의 회화(가족이나 친구 등)

★ 누가 어떤 입장・의견인지 등에 주의해서 포인트를 메모하면서 듣는다.

모의고사 제1회 정답·해설

정답

언어지식 (문자·어휘·문법)

問題1		問題5		問題8	
1	3	23	2	45	1
2	2	24	1	46	3
3	4	25	3	47	2
4	2	26	3	48	1
5	4	27	3	49	2

問題2		問題6		問題9	
6	3	28	1	50	1
7	1	29	3	51	4
8	2	30	2	52	2
9	3	31	4	53	3
10	1	32	3	54	3

問題3		問題7	
11	3	33	2
12	3	34	4
13	4	35	3
14	1	36	2
15	3	37	4

問題4			
16	1	38	3
17	4	39	2
18	2	40	1
19	1	41	4
20	2	42	2
21	1	43	2
22	4	44	1

독해

問題10	
55	4
56	1
57	3
58	3
59	2

問題11	
60	3
61	2
62	3
63	4
64	2
65	1
66	1
67	4
68	4

問題12	
69	1
70	4

問題13	
71	3
72	1
73	1

問題14	
74	3
75	4

청해

問題1		問題4	
例	3	例	2
1	4	1	3
2	3	2	1
3	1	3	2
4	1	4	2
5	1	5	2

問題2		6	1
例	3	7	2
1	2	8	1
2	2	9	1
3	1	10	1
4	1	11	1
5	1	問題5	
6	1	1	2

問題3		2	2
例	2	3 (1)	1
1	3	(2)	2
2	4		
3	1		
4	4		
5	1		

※해설에서는 「주요어휘」에 N2 레벨의 어휘를 싣고, 체크박스(□)를 붙였습니다. 설명을 위해 사용한 일부 어려운 어휘에는 △가 붙어 있습니다.

언어지식

問題 1

1 정답 3
- 扱う : 다루다, 취급하다
- ▶ 扱＝あつかーう　例 本を大切に扱う

오답해설　1 取って　2 吸って　4 持って

2 정답 2
- 誤る : 잘못하다, 실수하다
- ▶ 誤＝ゴ／あやまーる
  - 例 誤解（する）、選択を誤る

오답해설　1 間違える　3 止める　4 慣れる

3 정답 4
- 羨む : 부러워하다
- ▶ 羨＝セン／うらやーむ
  - 例 人の成功を羨む
  - cf 羨ましい : 부럽다

오답해설　1 恨む　2 悩む　3 憎む

4 정답 2
- 劣る : 열등하다, 뒤떨어지다
- ▶ 劣＝レツ／おとーる
  - 例 劣悪な環境、サービスが劣る

5 정답 4
- 率直（な） : 솔직
- ▶ 率＝リツ、ソツ
  - 例 確率、物価の上昇率、効率
- ▶ 直＝チョク、ジキ／なおーす、なおーる

問題 2

6 정답 3
- 誇り : 자랑, 긍지
- ▶ 誇＝コ／ほこーり
  - 例 仕事に誇りを持つ

7 정답 1
- 衣装 : 의상
- ▶ 衣＝イ／ころも
  - 例 衣服、衣替え
- ▶ 装＝ソウ、ショウ／よそおーい
  - 例 装飾、夏の装いにする

8 정답 2
- 覚える : 기억하다, 외우다　例 単語を覚える
- ▶ 覚＝カク／おぼーえる、さーます、さーめる
  - 例 覚悟する、目を覚ます、目が覚める

9 정답 3
- 詰める : 채우다
- ▶ 詰＝つーめる　つーまる
  - 例 箱に本を詰める、穴が詰まる

10 정답 1
- 囲む : 둘러싸다
  - 例 みんなでテーブルを囲んで祝った。
- ▶ 囲＝イ／かこーむ　かこーう
  - 例 周囲、ビルに囲まれた場所

問題 3

11 정답 3

- **不可欠**(な): 불가결
- ▶ **不~**: ~하지 않음, 불~, 부~
  - 예) 不安定(な)、不可能(な)、不規則(な)、不完全(な)、不十分(な)、不正確(な)、不得意(な)、不健康(な)、不親切(な)、不まじめ(な)、不慣れ(な)、不器用(な)、不名誉(な)、不機嫌(な)、不都合(な)、不合格、不採用、不成立

오답해설

1. **無~**: 아무것도 없는 것, 무~
   - 예) 無意味(な)、無責任(な)、無関心(な)、無関係(な)、無計画(な)、無制限(に使う)、無期限(で貸す)、無意識(に答える)、無重力(の状態)、無試験(で入学を認める)、無免許(で運転する)
2. **未~**: 아직 ~의 상태가 아닌 것, 미~
   - 예) 未完成、未発表、未発見、未経験
3. **非~**: ~가 아닌 것, 비~
   - 예) 非常識、非課税、非合理的(な)

12 정답 3

- **演奏家**: 연주가
- ▶ **~家**: ~분야의 전문가, ~분야에 뛰어난 사람.
  - 예) 歴史家、音楽家、画家、建築家、作家、専門家

13 정답 4

- **温暖化**: 온난화
- ▶ **~化**: 상태가 변하는 것, ~화
  - 예) 合理化、自由化、民主化、都市化、欧米化、(関係の)悪化

14 정답 1

- **未発表**: 미발표
  - 예) (→ 11 참조)

15 정답 3

- **諸外国**: 외국의 여러 나라
- ▶ **諸~**: 여러 ~, 많은 ~
  - 예) 諸問題、諸国、諸事情、諸悪(の原因)

問題 4

16 정답 1

- **背景**: 배경
  - 예) 経済的な背景

오답해설

2. **影響**(する) 예) 台風の影響
3. **評価**(する) 예) 高い評価
4. **判断**(する) 예) 正しい判断

17 정답 4

- **伸びる**: 늘어나다, 자라다 예) 髪の毛が伸びる。

오답해설

1. 張る 예) 根が張る。
2. 広がる 예) 枝が広がる。
3. 伝わる 예) 情報が伝わる。

18 정답 2

- **いらいら**(する): 안절부절 못함, 짜증이 남
  - 예) 何回教えても忘れてしまうので、いらいらする。

모의고사 제1회

오답해설

1 ゆうゆう(と)：悠々と：충분히 여유가 있는 모양
　例 退職後も悠々と生活している。

3 いきいき(と)：생기 있는 모양
　例 目が生き生きと輝いている。

4 わいわい(と)：왁자지껄한 모양
　例 皆でわいわい言いながら食事する。

19 정답 1

□ 追い払う：쫓아 버리다, 내쫓다
　例 部屋からハエを追い払う。

오답해설

2 追いかける：뒤 쫓아가다
　例 猫がネズミを追いかける。

3 払い込む：납입하다, 입금하다
　例 電気料金を銀行から払い込む。

4 追い越す：앞지르다, 추월하다
　例 前のバスを追い越す。

20 정답 2

□ 沸き起こる：터져 나오다
　例 大臣の発言に、批判が沸き起こった。

오답해설

1 打ち寄せる：밀어닥치다
　例 海岸に波が打ち寄せている。

3 充実する：충실하다
　例 充実した学生生活

4 興奮する：흥분하다
　例 興奮して眠れない。

21 정답 1

□ 受け止める：받아들이다
　例 現実を受け止める。

오답해설

2 受け取る：수취하다
　例 手紙を受け取る。

3 収める：정리해서 넣다(담다)
　例 財布をかばんに収める。

4 解釈する：해석하다
　例 この言葉の意味を間違って解釈していた。

22 정답 4

□ 勘違い(する)：착각
　例 今まで彼は独身だと勘違いしていた。

오답해설

1 相違：다름
　例 相違点を明らかにする。

2 勘定(する)：계산
　例 お金を勘定する。

3 間違い：잘못, 실수
　例 字の間違いを見つける。

問題 5

23 정답 2

□ システム：시스템, 조직, 제도, 체제, 구조
　영 system
　例 国によって、交通システムが違う。

24 정답 1

□ 携わる：종사하다
　例 教育に携わる、ボランティアに携わる

25 정답 3

□ **何気ない**: 무심하다
　例) バスの中で何気なくとなりの人を見たら、先生だった。

26 정답 3

□ **水を差す**: 찬물을 끼얹다, 방해하다
　例) いい雰囲気に水を差すようでごめんなさい。

27 정답 3

□ **身に付ける**: 몸에 익히다, 습득하다
　例) 一回できただけでは、本当に身につけたとは言えない。

問題 6

28 정답 1

□ **使命**: 사명
　例) 国の民主化を実現することがわたしの使命です。

오답해설　2 用事、3 するべきこと、4 仕事 등이 적당.

29 정답 3

□ **集約(する)**: 집약, 한데 모음
　例) 意見を集約する

오답해설　1 集めて、2 密集して (たくさん集まって)、4 集めて 등이 적당.

30 정답 2

□ **目をとめる**: 주의하여 보다, 주시하다
　例) 監督は一人の新人俳優に目をとめた。

오답해설　1 よく見る、3 注目している、4 読むのをやめた 등이 적당.

31 정답 4

□ **右に出る～はない**: 그 사람이 제일이다
　例) ワインづくりにかけては、彼の右に出る者はいない。

오답해설　1 よく知られている、2 目立つ、3 右派だ 등이 적당.

32 정답 3

□ **しみ込む**: 스며들다　例) 心に染み込む音楽

오답해설　1 当たっている、2 染まっている (その色がついている)、4 入り込んだ 등이 적당.

問題 7

33 정답 2

□ **がち**: ~한 경향이 많음
　例) 最近電車が遅れがちだ。

오답해설

1 彼はその話を聞いて面白がった。
3 大人っぽい服装をしたがる。
4 彼は先生に褒められたことを得意げに言う。

모의고사 제1회

34 정답 4

□ ～あげく : ～한 끝에
　例　長い時間話し合ったあげく、何も決まらなかった。

오답해설
1　事故のために電車が遅れた。
2　説明書をよく読んだ上で、使ってください。
3　彼は知っていたくせに教えてくれなかった。

35 정답 3

□ ～ことだから : ～니까, ～이기에
　例　彼が遅れてくるのはいつものことだから先に行きましょう。

오답해설
1　暖かいというより暑いよ。
2　「たね」という店知っている？
4　いつも6時に起きることにしている。

36 정답 2

□ ～どころではない : ～할 때가 아니다
　例　忙しくて映画どころではない。

오답해설
1　人を笑うものではない。
3　お父さんの格好、おかしいといったらない。
4　ただ乗りは犯罪にほかならない。

37 정답 4

□ ～ざるを得ない : ～하지 않을 수 없다
　例　具合が悪いが、約束したから行かざるを得ない。

오답해설
1　聞いてはじめて本当のことがわかった。
2　聞いてからでないとはっきり返事はできない。
3　聞いたところで、私には何もわからないと思う。

38 정답 3

□ ～ても : ～해도
　例　いくらおいしくても、そんなに食べてはいけない。

오답해설
1　授業に遅れたら、しかられるよ。
2　授業に遅れたので、しかられた。
4　嘘をついてまでして授業を欠席するなんて、理解できない。

39 정답 2

□ ～だけあって : ～한 만큼
　例　高いだけあっておいしい。

오답해설
1　彼とは、その時一度会ったきりです。
3　トマトは野菜であって、果物ではない。
4　この名前からして、きっと女性に違いない。

40 정답 1

□ ～からすると : ～로 보면
　例　あの言い方からすると、きっと反対なんだね。

오답해설
2　上野と言えばパンダです。
3　道路の建設計画をめぐって、話し合いが行われている。
4　彼を抜きに、現代芸術を語ることはできない。

41 정답 4

□ ～はさておき : ～은 제쳐 두고
　例　噂はさておき、やはり彼らは問題だ。

오답해설
1　親というものはいくつになっても子供のことが心配なんです。

2 この家は門の古さからして、100年は経っているね。
3 申し込み受付の開始に先だって、説明会が行われた。

42 정답 2

□ **〜だけのことはある**: 〜만큼의 가치가 있다
　㊀ 彼は留学しただけのことはあって、英語がうまい。

오답해설
1 明日は試験だ。ゲームどころではない。
3 彼の言ったことは本当に違いない。
4 どの日に出かけるかはあなた次第よ。

43 정답 2

□ **〜にしては**: 〜치고는
　㊀ 初めてにしては、うまくできたね。

오답해설
1 注意されたにもかかわらず、また食器を割ってしまった。
3 あの服装からすると、結婚式の帰りだろう。
4 親にしろ教師にしろ、生徒のことを全然わかっていない。

44 정답 1

□ **〜てみせる**: 〜해 보이다
　㊀ 今度こそ、合格してみせる。

오답해설
2 検査して2時間たったら、食事をしてもさしつかえありません。
3 こんなことで毎日叱られてはかなわない。もう辞めます。
4 自転車が安全に通れる道をつくってほしいものだ。

問題8

45 정답 1

オリンピックやパラリンピックを見ていると、選手たち₂の ₄強い ₁精神力 ₃に感心させられる。

46 정답 3

彼の家に行って驚いたのは、₄食器から ₂家具に至るまで ₃すべて ₁白で統一されていることだった。

47 정답 2

昭和30年代に ₁都市整備でつくられた ₄町は ₂すでに ₃古い町になってしまい、建物と人の高齢化の問題を抱えている。

48 정답 1

我が家の ₂郵便受けに入れられる ₄ものの ₁多くは不動産屋や ₃ピザ屋などのチラシだ。

49 정답 2

₃ものは考えようで ₄一度ぐらい ₂失敗を経験したほうが ₁人の悲しい気持ちを理解することができて、いいと思いますよ。

ものは考えようで: 세상 만사는 생각하기 나름이라

問題 9

50 정답 1

「運転手が起こした事故」로 인해 드러났기 때문에, 원인을 나타내는 표현을 사용한다.

오답해설

2 〜によれば
　예 情報によれば、イベントは中止になるそうだ。

3 〜において
　예 教育において、何が最も重要か。

4 〜に応じて
　예 能力に応じて給料が決まる。

51 정답 4

「どっちが本物かわからないくらいコピーがうまくできる（としたら〜）」라는 것은 아직 현실의 일이 아니고 그 상황을 가정한 것이므로 가정의 표현을 넣는다.

오답해설

1 〜とあって
　예 休日とあって、公園は賑わっていた。

2 〜といった
　예 おすしや牛丼といった日本料理の店もあった。

3 〜という
　예 「ふじ屋」というお店をご存知ですか。

52 정답 2

'사칭 사기'도 어떻게 보면 '사람의 목소리를 카피'한 것이라는 의미의 문장.

오답해설

1 たった
　예 財布の中には、たった50円しかなかった。

3 せめて
　예 せめて3日間ぐらいは、ゆっくり休みたい。

4 おもに
　예 面接では主にどんなことが聞かれますか。

53 정답 3

□ 腹が立つ(熟語)：화가 나다

54 정답 3

「…を一刻も早く」에 필자의 '기다리는' 마음이 나타나 있다.

오답해설

1 作ってあるという
　예 機械はすでに作ってあるという。

2 作っているという
　예 機械は今作っているという。

4 作ってほしいのか
　예 本当にそんな機械を作ってほしいのか。

독해

問題10（短文）

(1) 「일본인의 생활습관」

55 정답 **4**

테마는 '일본인의 식생활의 변화'. 마지막 한 문장이 중요하다.

오답해설

1→ 「体を使う労働」가 줄었을 뿐, 일하지 않게 된 것은 아님.

2→ 고기가 「中心」이라고는 쓰여있지 않음.

3→ 체내의 지방이 늘어나는 것은 에너지를 (식사로) 얻는 것보다 쓰는 쪽이 '적을' 때.

주요어휘

- カロリー : 칼로리
- 労働(する) : 노동
- 蓄える : 저축하다, 저장하다
- 害を及ぼす : 해를 끼치다

(2) 「페트병 와인」

56 정답 **1**

발표의 내용은 첫 문장 「フランスのワイン生産者…を認める」의 부분. 1 「日本のやり方」에 해당하는 것이 「ペットボトルに入れて販売すること」.

주요어휘

- 販売(する) : 판매
- 認める : 인정하다
- 望まれる : 바람직하다, 요망되다
- 拡大(する) : 확대
- 売上 : 매상

(3) 「과학자의 과거와 현재」

57 정답 **3**

첫 부분 「かつて」, 세 번째 문장 「ところが」에 주목한다. 필자는 옛날과 지금의 과학자를 비교하고 있다.

오답해설

1→ 천재가 과학자가 된 것은 「かつて」의 이야기.

2→ 과학이 진보했기 때문에 과학자를 육성하게 되었음.

4→ 오늘날의 과학자에 대한 평가는 쓰여있지 않음.

주요어휘

- 科学者 : 과학자
- 発見(する) : 발견
- 発明(する) : 발명
- 天才 : 천재
- 進歩(する) : 진보
- 制度 : 제도
- 職場 : 직장

(4) 「삼림 벌채」

58 정답 **3**

테마는 삼림이 감소하는 이유. 그 중 하나가 「商業用木材を得るための伐採」로, 그 중 3 「対象とする範囲の木を区別なく全部伐採する方法」가 「依然として続いている」.

오답해설

1→ 상업적인 벌채가 전부 금지된 것은 아님.

2→ '비싸게 팔리는 목재만 고르는 것'이 아니라, '전부 벌채해 버린다'.

4→ 「法律」이 남아 있는 것이 아니라 「違法伐採」가 남아 있음.

모의고사 제1회

주요어휘
- □ 高価(な)〔こうか〕: 고가
- □ 効率〔こうりつ〕: 효율
- □ 広範囲にわたって〔こうはんい〕: 넓은 범위에 걸쳐
- □ 規制(する)〔きせい〕: 규제
- □ 強まる〔つよ〕: 강해지다

(5) 「지방의 문화」

59 정답 **2**

첫 문장 「日本全国〔にほんぜんこく〕…なってしまった」와 세 번째 문장 「しかし」에 주목. 필자는 첫 문장의 「どこも似たような町〔に・まち〕」라는 의견에 반대하고 있다.

오답해설
1→ 전통적인 것은 실제로 있음. 필요하다고는 기술하고 있지 않음.
3→ 문화의 차이를 잃지 않음. 차이는 있음.
4→ 평균화된 것처럼 보이는 것일 뿐, 실제로 거기에는 각각 독자적인 문화가 있음.

주요어휘
- □ 姿〔すがた〕: 모습
- □ 入り込む〔はい・こ〕: 안으로 들어가다
- □ 戦前〔せんぜん〕: 전쟁(2차세계대전) 전
- □ 差〔さ〕: 차, 차이
- □ 失われる〔うしな〕: 잃어버리다
- □ 独自の〔どくじ〕: 독자의
- □ 平均化(する)〔へいきんか〕: 평균화
- □ 共存(する)〔きょうぞん〕: 공존

問題11 (中文)〔もんだい・ちゅうぶん〕

(1) 「황금의 시대」

60 정답 **3**

첫 번째 단락은 「誰でも子供の時というのは黄金時代なのである」〔だれ・こども・とき・おうごん・じだい〕의 설명.

오답해설
1, 2→ 평범한 것을 깨닫지 못하는 것이 아님.
4→ 「平凡な毎日」〔へいぼん・まいにち〕가 아니라, 어린 시절을 가리킴.

61 정답 **2**

앞의 「幼い頃の記憶もこれに似ている」〔おさな・ころ・きおく・に〕와 맨 마지막의 「記憶が…甦ってくる」〔きおく・よみがえ〕에서 기억이라는 것을 알 수 있음. 2의 「覚えている出来事」〔おぼ・できごと〕=기억.

62 정답 **3**

「黄金」〔おうごん〕이라는 키워드 부분을 찾는다. 「黄金」〔おうごん〕이란 첫 번째 단락 「平凡な出来事」〔へいぼん・できごと〕가 시간이 지나서 보면 변한 것. 즉 어린 시절의 추억.

주요어휘
- □ 平凡(な)〔へいぼん〕: 평범
- □ 結ぶ〔むす〕: 잇다, 연결하다
- □ 姿〔すがた〕: 모습
- □ 記憶(する)〔きおく〕: 기억
- □ 無数に〔むすう〕: 무수히
- □ 掘る〔ほ〕: 파다
- □ あふれる: 넘치다

(2) 「한가할수록」

63 정답 **4**

공부를 할 수 없다→육상경기를 그만두었다→성적이 떨어졌다의 순서.

64 정답 2

두 번째 단락 「忙しくなくなったことで、勉強の能率が悪くなり」에서 '바쁘게 하면' 능률이 좋아질 거라고 예상된다. 네 번째 단락은 능률이 좋은 경우의 실례.

오답해설

1→ 짬을 만드는 것이 목적이 아님.
3→ 「慣れている」라고는 말하고 있지 않음.
4→ 「のんびりするときにも」라고는 말하고 있지 않음.

65 정답 1

'바쁜 사람이 한가한 사람보다 일이나 공부의 능률이 좋고, 오히려 시간이 있다'는 것을 말하고 있다.

주요어휘

- 陸上競技 : 육상경기
- 思い切って : 결심하고, 과감히
- 能率 : 능률
- のろい : 느리다, 둔하다
- 集中(する) : 집중
- △ 想定外の : 예상 밖의
- 案外 : 의외로

(3) 「큰 분모」

66 정답 1

바로 앞의 「実際には人は滅多にそんな困った事態にぶつかるものではありません」이라는 생각이 사람들을 안심시킨다.

67 정답 4

「私達が」「皆(が)」가 생략되어 있다.

68 정답 4

15~16행 「忘れてはならぬのは~である点だ」는 당사자에게 있어서 〈'확률'은 상관없고, 항상 '1분의 1'이라는 현실이 있다〉는 것을 말하고 있다.

오답해설

1→ 14행 「役に立つことも多い」이기 때문에 ×.
2→ 「根拠」에 대해서는 말하고 있지 않음.
3→ 「安心させる」 숫자라고 말하지만, 그것을 「使ってほしい」라고는 말하고 있지 않음.

주요어휘

- 昨今 : 작금, 지금, 오늘날
- とりわけ : 특히
- 騒々しい : 시끄럽다, 소란스럽다
- 多用(する) : 많이 씀
- 確率 : 확률
- 発生(する) : 발생
- 滅多に~ない : 좀처럼 ~없다
- 事態 : 사태
- ぶつかる : 부딪히다
- 担う : (역할 등을) 떠맡다, 짊어지다
- 見方 : 보는 방법, 견해
- 医療 : 의료
- 巻き込む : 휘말리다
- 責任 : 책임
- 少なくとも : 적어도
- ごく : 매우
- △ 大雑把(な) : 대략적임, 조잡함
- 当事者 : 당사자
- 扱う : 다루다

問題 12 (統合理解)

「회화를 할 때 중요한 것」

69 정답 **1**

A는 '경청을 잘하는 사람의 모습', B는 '듣는 사람이 조심해야 할 태도'에 대해 기술하고 있다.

오답해설

2→ A에만 쓰여있음.
3→ B에서만 「あいづち」를 다루고 있음.
4→ 어느 쪽에도 쓰여있지 않음.

70 정답 **4**

A는 '그룹에서 말을 할 때 시선에 주의해야 할 필요성', B는 '때와 경우에 맞춰 듣는 태도를 조정할 필요성'을 기술하고 있다.

오답해설

2→ 어느 쪽도 '경청이 중요하다' 라는 주장은 하고 있지 않음.
3→ A는 듣는 태도가 아니라, 말하는 태도에 대해 주장하고 있음.

주요어휘

☐ 表情 : 표정
☐ 反応(する) : 반응
☐ なおさら : 더욱이
☐ 態度 : 태도
☐ 考慮(する) : 고려
☐ 調整(する) : 조정

問題 13 (主張理解)

「미디어력(力)」

71 정답 **3**

일을 떠안아 곤란해하는 사람→일을 잘 못하는 사람. 그런 사람에게 일에 대한 생각을 들어도 곧이곧대로 믿을 수 없다.

오답해설

1, 2, 4→ 발언 내용, 발언 방법, 발언을 듣는 사람의 문제점 등에 대해서는 쓰여있지 않음.

72 정답 **1**

'외부에서 봤을 때 다른 사람이 당신에게 기대하는 「期待値」가 높아도'라는 의미. 기대치가 높다='그 사람은 기대할 수 있을 것 같다'고 생각되는 모양.

오답해설

2→ 말하기 전에는 커뮤니케이션을 하고 있지 않음.
3, 4→ 「入口」는 말을 시작하기 전을 가리킴.

73 정답 **1**

네 번째 단락의 두 의문문 「どうしたら～のか？」에 대한 답이 필자의 주장을 나타내고 있다. 답=「メディア力を高める」. 마지막 단락에 「あなたの印象」「評判」이 「メディア力」가 된다고 쓰여있다.

오답해설

2→ 커뮤니케이션이 능숙한지는 이야기하고 있지 않음.
3→ 여기서의 「メディア」는 화자 자신을 가리킴.
4→ 미디어력이 되는 예로 「人への接し方」가 있지만, 인간관계에는 주목하고 있지 않음.

주요어휘

☐ 予備知識 : 예비 지식
☐ 足し算 : 덧셈
☐ 説得力 : 설득력
☐ 信頼(する) : 신뢰

- □ 増す: 늘다
- □ 実像: 실상
- □ 偽る: 거짓말하다, 속이다
  偽らざる＝偽らない＝本当の。
- □ 形成される: 형성되다
- △ 立ち居ふるまい: 행동거지
- □ 表情: 표정
- □ 接し方: 사람을 대하는 방식
- □ 貢献(する): 공헌
- □ 〜度: 〜도
- □ 〜次第だ: 〜기 나름이다
- □ お試し: 시험, 시도
- □ リスト: 리스트
- □ 登録(する): 등록
- □ 借り放題: 무제한 대여

問題 14 (情報検索)

「렌탈 DVD」

63 정답 3

「『無料お試し』とは？」의 순서와 「無料お試し」 기간 종료 후의 설명에 주목한다.

오답해설

1, 4 → 「無料お試し」에 등록하지 않음.
2 → 무료 체험 기간 종료 후, 자동적으로 이용 가능.

75 정답 4

「使い方に合わせて選べる３つのプラン」의 표에서 2개월간 드는 요금을 계산하면 冬子는 20장에 1000엔이고, 1장에 50엔.

오답해설

1 → 20장에 1940엔이고, 1장에 97엔
2 → 16장에 1600엔이고, 1장에 100엔
3 → 10장에 2000엔이고, 1장에 200엔

주요어휘

- □ レンタル: 렌탈, 대여
- □ サイト: 사이트

청해

問題 1

例　정답 3　

会社で女の人と男の人が話しています。男の人はこれから何をしますか。

F：佐藤君、悪いんだけど、明日の会議の準備、ちょっと手伝ってもらえない？　社長にほかのこと頼まれちゃって。
M：うん、いいよ。何すればいい？
F：この資料、20部ずつコピーして、セットしといてほしいんだけど。あ、でも、中身、ちょっと見てもらってからがいいかな。一応、ざっとは見直したんだけど。
M：わかった。…あれ？　これ、価格が違うよ。
F：えっ、うそ！　違ってた？
M：うん、これ。25000円じゃなくて、28000円。…ってことは、この売上のグラフも違ってくるね。
F：ごめん、ざっとチェックはしたんだけど…。
M：まあ、とりあえず、もう一回一通り見てみるよ。ファイル、メールで送っといて。後で直しとくから。
F：ごめんね。すぐに送る。

男の人はこれから何をしますか。

주요어휘

□ ～ってことは…：～라는 것은

□ とりあえず：우선

□ 一通り：대충, 한차례

1番　정답 4　

大学の事務室で女の学生と係の人が話しています。女の学生がセミナーに行く前に出すのは何ですか。

F：あの、この就職セミナー、まだ申し込めますか。
M：来月8日のセミナーですね。まだ大丈夫ですよ。この用紙に必要事項を記入してください。
F：はい。…これでいいですか。
M：ええ、結構ですよ。それでは、当日までにこの資料をよく読んでおいてください。あ、資料は当日も持ってきてくださいね。
F：はい。
M：それから、アンケートと課題があります。アンケートは今月20日までにこちらに提出してください。こちらのサイトからダウンロードして、メールで送ってもらってもかまいません。課題の方は当日持ってきてください。
F：はい、わかりました。

女の学生がセミナーに行く前に出すのは何ですか。

주요어휘

□ 必要事項：필요 사항

□ サイト：웹 사이트

2番　정답 3　

会社で男の人と女の人が話しています。女の人がこのあと郵送するのはどれですか。

M：これを今日の夕方までに郵送しなきゃなんなくて…。全部で20くらいなんだけど…。
F：わかりました。
M：入れるのは、この書類2枚と挨拶文の計3枚ね。で、名前と住所がこのリスト。
F：ああ、大学関係ですね。…あのう、封筒はどれを使えばいいですか。
M：そうだなあ…折り曲げたくないから、大きいやつを使ってくれる？

F：わかりました。宛て名は縦書きと横書き、どっちがいいですか。
M：どっちでもいいんだけどね。…じゃあ、横で。
F：わかりました。あと、みんな「先生」でいいんですか。
M：いや、今回は学部生と大学院生だから「様」で。
F：わかりました。

女の人がこのあと郵送するのはどれですか。

주요어휘

□ **学部生**：학부생

3番 정답 1

男の学生と女の学生が駅の改札口で話しています。女の学生は、これからどうしますか。

M：どうしたの？
F：さっきの喫茶店に傘置いてきちゃって…。先に帰って。取ってくるから。
M：わかった。…あっ、でも、ちょっと待って。そう言えば、青木さんたちもいたよね。まだいるかもしれないから、いたら預かってもらったら？
F：それ、いいアイデア。電話してみる。…あ、青木さん、私。ちょっとお願いがあるんだけど。…さっきその店にいたんだけど、傘を置き忘れちゃって。…そう。預かって明日持ってきてほしいの。…赤で、取っ手が黒、傘立てに置いた。…ありがとう。じゃあね。
M：どうだった？
F：あったって。明日持ってきてくれるって。
M：よかったね。
F：うん。高橋さんは地下鉄だよね、私は中央線だから、じゃあ。

女の学生は、これからどうしますか。

주요어휘

□ **取っ手**：손잡이

4番 정답 1

大学で女の学生と男の学生が話しています。男の学生はこのあと何をしますか。

M：ねえ、木村さん、ゼミの発表、再来週だったよね。悪いけど、順番変わってくれない？
F：え？ だって田中君、来週の火曜日でしょう。私、再来週だから、まだデータの分析をしてるところだよ。
M：実は前回先生に指摘されたところ、まだ直せてないんだ。木村さん、僕よりずっと進んでるじゃない。お願いします！
F：もう、しょうがないなあ。まあ、今回は中間報告でもいいみたいだし。でも、先生にお伺いを立ててからじゃないとだめだと思うよ。あと、スケジュール管理してるリーさんにも連絡しなきゃ。
M：うん…。じゃあ、先生にはメールで、リーさんにはすぐに電話しとくよ。
F：リーさん、この時間、きっと図書館だよ。先生は今日、大学にいらしてるから、直接伺ったら？
M：そうだね、その方がいいね。じゃ、とりあえず、図書館行ってリーさんに…。
F：あ、ちょっと待って。先生の許可がない限りは、勝手に変えられないよ。まず、研究室に行ってみれば？ さっき廊下で先生とすれ違ったから、いらっしゃるかも。
M：わかった。じゃ、あとでまた連絡するね。

男の学生はこのあと何をしますか。

주요어휘

□ **分析（する）**：분석

□ **指摘（する）**：지적

□ **中間報告**：중간보고

□ **伺いを立てる**：윗사람에게 의견이나 판단을 구하다

□ **〜とすれ違う**：〜와 엇갈리다, 〜와 스치다

모의고사 제1회

5番　정답 1

レストランで女の人と店員が話しています。女の人は、いくら支払いますか。

M：ありがとうございました。お一人様3000円になります。お会計は3名様ご一緒でよろしいでしょうか。
F：はい、一緒で。このクーポン、使えますか。
M：はい、ご利用いただけます。そうしますと、お会計の合計金額から10パーセント引かせていただきまして、8100円になります。
F：はい。じゃあ、このカードで、1回で。
M：恐れ入りますが、こちらのクーポンは、現金のみのご利用になっております。カードでのお支払いですと、9000円になります。
M：あ、そうなんですか。じゃあ、現金で、別々でお願いします。クーポンは1枚で3名までって書いてあるから、みんなで使えるんですよね。
F：はい、ご利用になれます。

女の人は、いくら支払いますか。

지불 합계액은,
3,000엔×3명=9,000엔　9,000엔×90%=8,100엔
「別々で」라고 되어 있으므로 3으로 나눈다.
8,100엔÷3명=2,700엔

주요어휘
- クーポン：쿠폰
- 恐れ入りますが…：송구합니다만, 죄송합니다만

問題2

例　정답 3

会社で、男の人と女の人が話しています。お店を決めた理由は何ですか。

M：田中さん、歓迎会のお店、決まった？
F：あ…はい、駅の反対側の「よこづな」っていう和食のお店になりました。
M：え？イタリアンのお店じゃないの？おすすめだって言ってたじゃない。
F：ええ。今回は…。
M：そうか…ちょっと残念だな。田中さんのお気に入りだから、期待してたんだけど。なに？ちょっと高かった？
F：いえ、高くはないです。むしろ安い方だと。ただ…。
M：ただ…？
F：部長がすごくいいお店だって言うから…。おいしくて、サービスがいいって。
M：ああ、そういうことね。じゃ、しょうがないね。そのイタリアンのお店はこの次、行こうよ。
F：そうですね。

お店を決めた理由は何ですか。

주요어휘
- ただ…：다만, 단지

1番　정답 2

テレビで女の司会者と男の人が話しています。男の人が引退を決めた一番の理由は何ですか。

F：引退を惜しむ声も多いと思うのですが、やはり今回のオリンピックでメダルに届かなかったということが大きいのでしょうか。
M：まあ、それもそうなんですが、この4年間はけがの繰り返しで、特に2年前のひざのけがは、選手として致命的なものだったんで。

F : でも、そのけがを乗り越えて、今回のオリンピック出場を果たしましたよね。
M : ええ、なんとか回復して、ここまでやってこられたんですけど、やはり、気持ちの上で、また次、というふうにはならなかったというか、またけがをするんじゃないかっていう恐怖心といいますか…まあ、肉体的なことよりも気持ちの面で限界を感じまして。
F : そうでしたか。今後はどのように。
M : はい、これからは指導者として後輩の育成に貢献したいと思っています。
F : そうですか。今後も活躍を期待しています。

男の人が引退を決めた一番の理由は何ですか。

주요어휘

- □ **〜を惜しむ**：〜를 아쉬워하다
- □ **〜に届かない**：〜에 닿지 않다
- □ **致命的(な)**：치명적
- □ **乗り越える**：넘어서다, 극복하다
- □ **果たす**：다하다, 완수하다

2番　정답 2

会社で男の人と女の人が話しています。男の人は、どうして自転車で来ているのですか。

F : ねえ、最近、自転車で通勤してるんだって？
M : うん。雨が降らない限りは、できるだけ自転車で来ようと思って。
F : へえ。ダイエット？　それとも、今流行りの肉体改造ってやつ？
M : というか、この前の健康診断で筋肉を増やしたほうがいいって言われたんだ。最近、腰が痛くなることが多いから、ちょっと聞いてみたんだよ。
F : この仕事、一日中座りっぱなしだもんね。…あ、でも、自転車だって座りっぱなしじゃない？
M : いや、ペダルを漕ぐのって、けっこう体全体を使ってるんだよ。始めた頃なんて、全身筋肉痛だったんだから。まあ、それに、景色も楽しめるし、時間がある時は裏道のカフェに

も寄れるしね。
F : ふーん、何だかよさそうね。私も始めてみようかなあ。

男の人は、どうして自転車で来ているのですか。

주요어휘

- □ **肉体**：육체
- □ **改造**：개조
- □ **…というか**：…라고 할까
- △ **ペダル**：페달
- □ **漕ぐ**：(페달을) 밟다, (노를) 젓다
   ㉑ ボートをこぐ。
- □ **裏道**：뒷골목

3番　정답 1

女の人と男の人が話しています。女の人は、今日、どうして眼鏡をかけているのですか。

M : あれ？　今日は眼鏡なんだ。珍しいね。
F : うん、外じゃ、あまりかけないんだけどね。
M : いつもはコンタクトレンズなんだね。
F : うん、使い捨ての使ってるんだけど、切らしちゃって。何もなしじゃ、ぶつかりそうで怖くて。
M : うん、危ないよ。それに、眼鏡、似合ってるよ。
F : そう？　ありがとう。実はあんまり視力に合ってないんだけどね。しないよりましってとこ。まあ、最近乾燥してるし、目にもストレスだし。しばらくの間、眼鏡にしようかな。
M : うん、いいんじゃない。

女の人は、今日、どうして眼鏡をかけているのですか。

주요어휘

- □ **使い捨て**：일회용
- □ **(〜を)切らす**：다 떨어지다
- □ **〜よりまし**：〜보단 나음

4番　정답 1

病院で女の人と医者が話しています。女の人は、どうして薬の心配をしているのですか。

M：では、薬は3種類で、4日分出しておきますね。熱を下げるのと、咳を止めるのと、あとは、胃を保護する薬です。

F：あの、咳を止める薬なんですが、前にそういうの飲んだ時に吐き気がして、2、3回で飲むのをやめたんです。

M：そうですか。こちらで処方した薬ですか。

F：はい。4月頃風邪ひいて、みていただいた時のです。

M：ああ、これですね。今回も同じものですね。飲むのをやめたら、吐き気はおさまりましたか。

F：はい、なくなりました。その時も胃の薬を一緒に出してもらいましたけど。

M：そうですか。まあ、でも、胃の方の薬が原因というのは、ちょっと考えにくいので…。この咳止めの薬で、たまにそういった症状が出る方もいらっしゃいます。じゃあ、弱めのお薬に変えましょう。これで様子を見させてください。もし、また吐き気がしたら、飲むのをやめて、診察にいらしてください。

F：わかりました。

M：お大事に。

女の人は、どうして薬の心配をしているのですか。

주요어휘

- □ **処方(する)**：처방
- □ **おさまる**：진정되다, 가라앉다

5番　정답 1

女の人と男の人が話しています。女の人が、この会社に決めた一番の理由は何ですか。

M：青木さんは、なんでこの会社にしたの？

F：そうねえ…。とにかく、落ち続けてたからね。たしか20社目でこの会社に受かったから、もう就活は終わりにしたいって。

M：でも、ほかの会社からも内定もらってたって言ってたよね。

F：うん、ここと同時ぐらいにね。そっちは食品関係。元々はそっちの方に興味があったんだけどね。でも、OBとか採用担当の人たちと話して、面接が進むにつれて、上の人たちが出てくるじゃない？別に、どっちもいやな感じじゃなかったんだけど、この会社の方が本音で話せたっていう印象も強かったから。あと、何となく、ここなら長く働けるかなって。

M：ピンと来た？

F：そうだね。まあ、事業内容とかにも関心はあったけどね。

M：ふーん。僕は「一緒に会社を大きくしましょう」って言われたのが、決め手だったけどね。

F：へえ、そうなんだ。

女の人が、この会社に決めた一番の理由は何ですか。

1→「本音で話せた」「ここなら長く働ける」「ピンと来た」등으로 보아 이것이 정답.

4→「まあ〜関心はあった」로, 주된 이유는 아님.

주요어휘

- □ **就活**：구직활동
- □ **内定**：내정
- □ **元々は**：원래는
- □ **別に〜ない**：특별히 〜않다
- □ **本音**：진짜 마음
- □ **ピンと来る**：감이 오다
- □ **決め手**：결정적 이유

6番 정답 1

男の学生と女の学生が研究発表会の準備について話しています。男の学生は、どうして事務室に行きますか。

M：受付は田中さんと石原さんがするんだよね。僕とルイスさんはパソコンとかマイクとか、会場で使う機材の準備をしておくよ。
F：うん、お願い。特に、ネットがちゃんとつながってるか、確認しないとね。
M：わかってる。あ、そうだ。マイクなんだけど、発表者が使うやつは襟に付ける小さいタイプの方がよくない？
F：ああ、ピンマイクね。借りられるなら、そっちの方がいい。
M：じゃ、事務室に聞いてくるよ。
F：あ、ちょっと待って。大学のホームページですぐわかると思う。
M：いいよ、いいよ。どうせ会場の鍵を借りるのに行かなきゃなんないから。
F：あ、そうだったね。
M：じゃあ、行ってくるね。

男の学生は、どうして事務室に行きますか。

問題3

例 정답 2

テレビで女の人が話しています。

F：最近は、市民マラソンがあちこちで開かれるようになりましたね。私の町でも、3年前から開催されています。元々ジョギングを楽しむ人は多かったんですが、マラソン大会が開かれるようになって、走る人が年々増えているように思います。まあ、健康的で、いいことだとは思うんですが、中には遊歩道をスピードを出して走る人もいて、いきなり後ろから追い越されて、びっくりすることがあります。ゆっくり歩いてるお年寄りや、小さい子どもを追い越すのを見るたびに、ひやひやします。

女の人は何について話していますか。
1　前の人の追い越し方
2　走っている人のマナー
3　マラソン大会で驚いたこと
4　市民マラソンのおもしろさ

주요어휘

□ **遊歩道**：산책로

□ **いきなり**：갑자기

□ **ひやひやする**：조마조마하다

1番 정답 3

留守番電話のメッセージを聞いています。

F：鈴木です。昨日はごちそうさまでした。あのう、ひょっとしたら、そちらに傘を置き忘れたかもしれません。折りたたみの傘なんですが、薄い緑のケースに入れたままで、もしかしたら、ソファーの辺りに置きっぱなしにしたかもしれません。使ってないので、濡れてはいません。すみませんが、ちょっと見ておいていただけませんか。お願いします。では、夜にまたお電話します。失礼します。

留守番電話の内容はどのようなことですか。
1　傘を持ってきてほしい。
2　傘があったので、取りに来てほしい。
3　傘がないか、確認しておいてほしい。
4　傘でソファーが濡れていないか、確認してほしい。

주요어휘

□ **ひょっとしたら**：혹시, 어쩌면

□ **～っぱなし**：～한 채로임

모의고사 제1회

2番　정답 4

男の学生と女の学生が話しています。

M：鈴木さん、スーパーのアルバイト、応募した？
F：まだ。レジにしようか、商品管理にしようか迷ってて。
M：レジの方が時給はいいんでしょ？
F：うん、50円ね。でも、仕事がちょっと大変かなあと思って。
M：そう？簡単そうだけど…。立ちっぱなしだから？
F：いや、それはいいんだけどね。ほら、レジって、お客さんと直接接するでしょう。いろいろ気を使うことが多そうで。
M：まあ、多少はあるかもね。
F：文句言われることとかあるだろうし。急かされたら、いやだなあって思って。私、不器用だから。そう考えると、時給は安くても商品管理の方が気が楽でいいんじゃないかと思って。
M：ちょっと考え過ぎじゃない？慣れたら大丈夫だと思うんだけどなあ。
F：だといいんだけど。とにかく、なるべく疲れないのがいいのよ。

女の学生は、レジの仕事の方がどうだと言っていますか。
1　立ちっぱなしで疲れる
2　慣れるのに時間がかかる
3　時給が安くて損だ
4　気を使って大変だ

주요어휘

□ **〜っぱなし** : 〜한 채로임

□ **〜と接する** : 〜와 접하다

□ **急かす** : 재촉하다

3番　정답 1

男の人と女の人が話しています。

F：そういえば、先月引っ越したんだよね。どう？引っ越し先は。
M：うん、なかなか快適だよ。自転車で海まで10分だし、駅のすぐそばには、大型ショッピングセンターもあるしね。
F：へえ。
M：コンビニやスーパーも入っててね、夜中まで営業してるんだ。それにATMも朝早くから使えるし。
F：自然もあるし、生活も便利そうだし、いいところなんだね。でも、通勤時間、結構かかるんじゃない？
M：それがね、会社まで乗り換えなしで行けるから、意外とかからないんだ。1時間ちょっとかなあ。急行が止まらないのが、残念なんだけどね。
F：それはぜいたくってもんよ。
M：まあ、そうだね。週末、波の音を聞いてリフレッシュできるだけ幸せなのかもね。
F：そうだよ。

男の人は、今住んでいるところについて、どのように思っていますか。
1　海が近くて気に入っている
2　交通の便がとてもよくなった
3　店が多くて、にぎやかだ
4　自分にはぜいたくな場所だ

4→ 회화의 내용은 '급행이 서는 것까지 바라는 것은 사치다'라고 하고 있다.

주요어휘

□ **快適(な)** : 쾌적

□ **リフレッシュ(する)** : 리프레시 ⑨refresh

4番　정답 4

市民センターで館内放送を聞いています。

F：ご来館の皆さまにご案内します。本日、午後2時から2階談話室におきまして、お話の会を開催いたします。本日は、グリム童話を3篇、「カエルの王様」、「赤ずきん」、「白雪姫」の順で朗読いたします。小さいお子さまをお連れの方は、ぜひご参加ください。なお、席に限りがありますので、お早めにご来場ください。詳しくは、お近くの係員にお尋ねくださいますようお願い申し上げます。

館内放送の内容はどのようなことですか。
1　図書館の利用について
2　談話室の場所について
3　お話の会の入会について
4　今日の催し物について

주요어휘

☐ 館内：관내
△ 談話室：담화실
☐ 童話：동화
△ ～篇：～편
☐ 朗読：낭독
☐ なお…：또한

5番　정답 1

女の学生と男の学生が食堂で話しています。

F：何食べようかな。
M：僕は、日替わりランチ。とんかつだしね。
F：もっと女子向けのメニュー増やしてほしいな。ボリュームがあるのばかりなんだもん。
M：しかたないよ。うちの大学、女子が少ないんだから。
F：だからこそ、私たちのこと考えてくれてもいいのに…。まあ、いいや、私も今日は日替わりにする。

M：ほらね。メニューにはそれほど男子とか女子とか関係ないんだよ。食べる人は食べる。
F：もう。

女の学生は、食堂のメニューについてどう思っていますか。
1　軽いメニューが少ない。
2　女性向けのメニューが多い。
3　肉料理のメニューが多い。
4　男性向けのメニューが少ない。

주요어휘

☐ 軽い：(여기서는) 양이 적고 기름지지 않음

問題 4

例　정답 2

F：かたづけ、私の方でしておきましょうか。
M：1　わかった。そうしておくよ。
　　2　そう？　助かる。
　　3　いや、そんなことはないと思うよ。

1番　정답 3

M：あーあ、傘、持ってくればよかった。
F：1　じゃ、持っていこうか。
　　2　だから持つって言ったじゃない。
　　3　何だ、持ってないの？

주요어휘

☐ 何だ：뭐야(가볍게 놀라는 모양)

2番　정답 1

M：ありがとうございます。お会計はご一緒で？
F：1　いえ、別々で。
　　2　いえ、ご一緒じゃなくて。
　　3　ええ、割り勘で。

모의고사 제1회

주요어휘

- □ **割り勘**（わりかん）：더치페이

3番　정답 2

F : お弁当にお箸をお付けしますか。
M : 1　はい、大丈夫です。
　　 2　はい、お願いします。
　　 3　はい、お付けしてください。

3 → 「お〜する」는 겸양어로, 상황에 맞지 않음.

4番　정답 2

M : それは取っといてもいいんじゃない？
F : 1　うん、取ってみよう。
　　 2　えー、もう使わないんじゃない？
　　 3　そうねえ、取ったほうがいいのかなあ。

주요어휘

- □ **取っとく**：두다, 간직하다

5番　정답 2

F : もっと早く教えてくれてたらよかったのに。
M : 1　すみません、これから教えます。
　　 2　すみません、次から気をつけます。
　　 3　すみません、ちょっと早かったですね。

6番　정답 1

M : お客様、コートもこちらでお預かりしますが。
F : 1　いえ、コートは結構です。
　　 2　そうですか。じゃ、預かります。
　　 3　ありがとう。でも、お預けは結構です。

주요어휘

- □ **結構です**：여기서는 '그러지 않아도 괜찮습니다'의 의미

7番　정답 2

F : 田中さんに連絡とったほうがいいんじゃない？
M : 1　ええ、それで結構です。
　　 2　はい、とってみます。
　　 3　いいえ、まだとっていません。

8番　정답 1

F : 小林さん、今、手、空いてる？
M : 1　ええ、急ぎのものは特に…。
　　 2　いえ、まだあけてないんですが。
　　 3　すみません、今、ちょっとあきがなくて。

주요어휘

- □ **手が空く**：손이 비다, 틈이 나다

9番　정답 1

F : さあ、どうぞ。今日のは、まずまずといったところかな。
M : 1　そう？ すごくおいしそうだけど。
　　 2　そう？ とてもまずそうには見えないけど。
　　 3　そりゃそうだ。すごくおいしそうだもんね。

주요어휘

- □ **まずまず**：그저 그렇다

10番　정답 1

F : さっき小田さんに会ったんだけど、足のけが、大したことないって。
M : 1　そりゃ、よかった。
　　 2　そりゃ、心配だね。
　　 3　そりゃ、無理もないね。

주요어휘

- □ **大したことない**：대수롭지 않다

1番 정답 1

F：ないなあ、この辺にしまったはずなんだけど…。

M：1 また？ちゃんと覚えててよ。
　　2 そう？ちゃんと閉まるはずだよ。
　　3 そんなはずはないよ。もっとちゃんと探して。

주요어휘
- しまう：넣다, 간수하다

問題 5

1番 정답 2

美容院で、女の人と店員が話しています。

M：今日はどのようになさいますか。
F：思い切ってショートにしようと思ってるんですけど。
M：わかりました。お似合いになると思いますよ。ずっとロングだったんですか。
F：ええ。高校生の時からずっと。
M：そうですか。じゃあ、一度、肩ぐらいで切ってみて、どんな感じか見てみましょうか。
F：はい。…あ、でも、一気にあごのラインぐらいまで切ってもらってもいいです。
M：わかりました。じゃ、そうしますね。
F：あ、それから、今、茶色に染めてるんですけど、落として黒に戻したいんです。
M：わかりました。じゃ、まずシャンプーをしますね。
F：はい。

女の人はどんな髪型にしますか。
1 茶色の短い髪
2 黒の短い髪
3 茶色の長い髪
4 黒の長い髪

주요어휘
- ショート：숏 헤어
- ロング：롱 헤어
- 一気に：한번에
- 落とす：(여기서는) 색을 빼다

2番 정답 2

兄弟3人が話しています。

F1：ねえ、うちの親、今年が結婚40周年だって知ってた？
M：えっ、ほんと!? じゃ、何かお祝いしないと。
F1：そうなのよ。何がいいと思う？
F2：記念の指輪？ああ、でも、それは自分たちで買うのか。じゃ、きれいな花をいっぱい。
F1：そうねえ…。やっぱり何か残るものがいいんじゃない？
M：じゃ、何か健康器具は？電気マッサージのいすとか。
F1：悪くないかも。じゃ、候補ね。あとは？
F2：残るものじゃないけど、温泉旅行は？
F1：ああ、いいね。二人とも、温泉大好きだし。
M：うん。物じゃないけど、記憶に残る。
F1：あとは、ギフトカタログ送って、好きなの選んでもらってもいいけど。
F2：それもいいかも。選ぶの、楽しいし。
M：でも、最近、多いからな。あんまり特別って感じがしなくない？
F1：確かに。じゃ、二人で思い出作ってもらおうか。

記念に何を贈りますか。
1 花
2 旅行券
3 健康器具
4 ギフトカタログ

「思い出作ってもらおうか」에 맞는 것은 (물건은 아니지만 기억에 남는) 「旅行」뿐.

주요어휘
- ～周年：～주년

모의고사 제1회

- ☐ **健康器具**：건강기구
- ☐ **マッサージ**：마사지
- ☐ **悪くない**：나쁘지 않다
- ☐ **候補**：후보
- ☐ **ギフトカタログ**：선물용 카탈로그
- ☐ **～なくない？**：～하지?, ～않지 않아?

　　예) これ、要らなくない？ －うん、要らない。

3番　질문1：정답 1　질문2：정답 2

テレビで、専門家がご飯とおかずの食べ方について話しています。

F1：皆さんはいつも、食卓に並んだご飯やおかずをどのような順番で食べていますか。ついつい、好きなおかずばかりを食べてしまったりしていませんか。この食べ方を「ばっかり食べ」といいます。これに対して、順番に食べることを「三角食べ」と言います。この「三角食べ」には、味付けの濃さを調整したり、消化の働きを助けたりといった効果があります。ただ、ある実験では、「ばっかり食べ」よりも「三角食べ」の方が太りやすいという結果が出ています。それなら、ダイエット中の人は、「ばっかり食べ」をすればいいのでは、と思いますよね。確かにそうなんですが、順番も大切なんです。適切な順番で「ばっかり食べ」をするのが太りにくい、ということなんです。おかずが肉と野菜なら、まず野菜を食べ、次に肉、最後にご飯、という順番が、太りにくい食べ方です。

F2：へえ、そうなんだ。じゃ、あなたはもっと太ったほうがいいから、「三角食べ」ね。
M：そうだね。でも、やっぱり好きなものは先に食べちゃうかも。
F2：だめよ。私はダイエット中だから、「ばっかり食べ」、試してみようかな。
M：うん。ちゃんと順番考えてね。

質問1　男の人はどんな食べ方をしますか。
質問2　女の人はどんな食べ方をしますか。

주요어휘

- ☐ **専門家**：전문가
  　예) 幼児教育の専門家、日本文学の専門家
- ☐ **食卓**：식탁
- ☐ **ついつい**：그만, 어쩌다보니
- ☐ **味付け(する)**：간을 맞춤
- ☐ **調整(する)**：조정
- ☐ **適切(な)**：적절함

모의고사 제2회 정답·해설

정답

언어지식 (문자·어휘·문법)

問題1		問題5		問題8	
1	4	23	2	45	2
2	3	24	4	46	3
3	1	25	2	47	3
4	4	26	4	48	2
5	1	27	3	49	4

問題2		問題6		問題9	
6	2	28	3	50	3
7	3	29	4	51	2
8	1	30	1	52	1
9	3	31	3	53	4
10	4	32	1	54	2

問題3		問題7	
11	2	33	1
12	3	34	3
13	2	35	4
14	3	36	3
15	1	37	1

問題4			
		38	1
16	2	39	3
17	2	40	1
18	1	41	3
19	2	42	4
20	4	43	2
21	3	44	3
22	4		

독해

問題10	
55	2
56	4
57	3
58	4
59	2

問題11	
60	2
61	2
62	4
63	4
64	1
65	3
66	1
67	4
68	4

問題12	
69	4
70	1

問題13	
71	3
72	3
73	2

問題14	
74	3
75	1

청해

問題1		問題4	
例	3	例	2
1	3	1	3
2	2	2	3
3	3	3	2
4	4	4	2
5	1	5	3

問題2		6	1
例	3	7	2
1	2	8	2
2	4	9	2
3	2	10	3
4	4	11	2
5	3	問題5	
6	2	1	4

問題3		2	2
例	2	3(1)	3
1	2	(2)	4
2	3		
3	2		
4	4		
5	3		

※해설에서는 「주요어휘」에 N2 레벨의 어휘를 싣고, 체크박스(□)를 붙였습니다. 설명을 위해 사용한 일부 어려운 어휘에는 △가 붙어 있습니다.

언어지식

問題 1

1 정답 4

- □ 仰ぐ: 우러러보다, 위를 보다
- ▶ □ 仰＝ギョウ／あおーぐ
  - 예) 天を仰ぐ

2 정답 3

- □ 薄れる: (정도가) 희미해지다, (농도가) 옅어지다
- ▶ □ 薄＝ハク／うすーれる
  - 예) 薄情、だんだん興味が薄れる

오답해설 1 汚れて 2 離れて 4 切れて

3 정답 1

- □ 汚染(する): 오염
- ▶ □ 汚＝オ／よごーす、よごーれる、きたなーい
  - 예) 汚水、服を汚した、汚い手を洗う。
- ▶ □ 染＝セン／そまーる
  - 예) 伝染、空が赤く染まる

4 정답 4

- □ 豊富(な): 풍부
- ▶ □ 豊＝ホウ／ゆたーか
  - 예) 豊作、水の豊かな国
- ▶ □ 富＝フ／とみ、とーむ
  - 예) 富を分ける

5 정답 1

- □ 刻む: 다지다, 잘게 썰다
- ▶ □ 刻＝コク／きざーむ
  - 예) 時刻、ネギを刻む

問題 2

6 정답 2

- □ 儲ける: 벌다, 이익을 보다
- ▶ □ 儲＝チョ／もうーける
  - 예) お金を儲ける

7 정답 3

- □ 一応: 일단
- ▶ □ 応＝オウ
  - 예) 一応やってみる

8 정답 1

- □ 稼ぐ: 벌다
- ▶ □ 稼＝カ／かせーぐ
  - 예) 学費を稼ぐ

9 정답 3

- □ 共感(する): 공감
- ▶ □ 共＝キョウ／とも
  - 예) 共同、公共
- ▶ □ 感＝カン
  - 예) 感謝、感想

10 정답 4

- □ 口癖（くちぐせ）: 말버릇
  - ▶ □ 口: コウ／くち
    - 예) 人口、口を洗う、悪口を言う
  - ▶ □ 癖: ヘキ／くせ
    - 예) 爪をかむ癖、癖を直す

問題3

11 정답 2

- □ 無気力（な）（むきりょく）: 무기력
  - ▶ □ 無〜: 〜가 없는 것, 무〜
    - 예) (⇒「제1회」해설 p.15)

12 정답 3

- □ 未払い（みばらい）: 미지불
  - ▶ □ 未〜: 아직 〜의 상태가 아닌 것, 미〜
    - 예) (⇒「제1회」해설 p.15)

13 정답 2

- □ 準決勝（じゅんけっしょう）: 준결승
  - ▶ □ 準〜: (어떤 것의) 다음에 위치하는 것, 준〜
    - 예) 準備、準優勝

오답해설
1. 順（じゅん）　예) 順番、順序
3. 純（じゅん）　예) 純粋、純利益
4. 旬（じゅん）　예) 上旬、中旬、下旬

14 정답 3

- □ 編集中（へんしゅうちゅう）: 편집 중
  - ▶ □ 〜中: 〜하고 있음, 〜중
    - 예) 準備中、食事中、勉強中

15 정답 1

- □ 人生観（じんせいかん）: 인생관
  - ▶ □ 〜観（かん）: 견해나 생각
    - 예) 価値観、教育観、世界観

問題4

16 정답 2

- □ 解読（する）（かいどく）: 해독
  - 예) 古代文字を解読する

오답해설
1. 解答（かいとう）: 해답　예) 数学の解答
3. 解釈（かいしゃく）: 해석　예) さまざまな解釈
4. 解消（する）（かいしょう）: 해소　예) 婚約を解消する

17 정답 2

- □ 心当たり（こころあ）: 짐작 가는 데, 짚이는 데
  - 예) 心当たりが無い

오답해설
1. 心配（する）（しんぱい）: 걱정　예) 台風を心配する
3. 当然（とうぜん）: 당연　예) 叱られて当然
4. 得意（な）（とくい）: 자신있는　예) 得意な料理を作る

18 정답 1

- □ ずたずた: 잘게 찢긴 모양, 갈기갈기
  - 예) プライド/道路がずたずたになる

오답해설
2. きれぎれ: 군데군데　예) きれぎれの音
3. ばらばら（な）: 뿔뿔이, 제각각
   예) ばらばらな意見
4. すたすた: 총총, 부리나케
   예) すたすた行ってしまった

모의고사 제2회

19 정답 2

□ **割合**(わりあい) : 비율
　例 クラスの男女の割合(だんじょ わりあい)

오답해설
1 **割算**(わりざん) : 나눗셈
　例 掛け算と割り算を習う(か さん わ ざん なら)
3 **比較(する)**(ひかく) : 비교　例 2つを比較する(ひかく)
4 **割引**(わりびき) : 할인　例 5％の割引(わりびき)

20 정답 4

□ **抱える**(かか) : 껴안다
　例 荷物を抱える(にもつ かか)

오답해설
1 **担任(する)**(たんにん) : 담임　例 クラスの担任(たんにん)
2 **抱く**(だ) : 안다　例 赤ちゃんを抱く(あか だ)
3 **負担(する)**(ふたん) : 부담　例 重い負担(おも ふたん)

21 정답 3

□ **甘い**(あま) : 무르다
　例 子供に甘い親(こども あま おや)

오답해설
1 **辛い**(つら) : 맵다, 괴롭다　例 辛い毎日、辛い仕事(つら まいにち つら しごと)
2 **厚い**(あつ) : 두껍다　例 厚い辞書、厚い壁(あつ じしょ あつ かべ)
4 **幼い**(おさな) : 어리다　例 幼い頃を思い出す(おさな ころ おも だ)

22 정답 4

□ **起こす**(お) : 일으키다
　例 事故/問題を起こす(じこ もんだい お)

오답해설
1 **生かす**(い) : 살리다　例 経験を生かす(けいけん い)
2 **動かす**(うご) : 움직이다　例 機械を動かす(きかい うご)
3 **出す**(だ) : 내다
　例 実力を出す(≒発揮する)(じつりょく だ はっき)

問題5
もんだい

23 정답 2

□ **レギュラー** : 정규
　例 レギュラーの選手、レギュラーになる(せんしゅ)

24 정답 4

□ **厄介(な)**(やっかい) : 귀찮음, 성가심
　例 厄介なことを起こす(やっかい お)

오답해설
1 **仕方がない**(しかた)　例 仕方がないからあきらめた(しかた)
2 **いや(な)**　例 いやな気分(きぶん)

25 정답 2

□ **味方**(みかた) : 아군, 내 편
　例 味方は負けてしまった。(みかた ま)

26 정답 4

□ **揃う**(そろ) : 모이다, 갖추어지다
　例 全員 揃うまで待ちましょう。(ぜんいん そろ ま)

27 정답 3

□ **贅沢(な)**(ぜいたく) : 사치
　例 贅沢な食事/暮らし(ぜいたく しょくじ く)

오답해설
4 **けち(な)**　例 けちな人、けちなことを言う(ひと い)

問題6

28 정답 3

- 愛好者：애호가
  - 예) 鉄道/コーヒー/自転車(の)愛好者

오답해설 1 愛し合っているそうだ、 2 食べるのが好きだ、 4 犬が大好きで 등이 적당.

29 정답 4

- 穴埋め：보충
  - 예) 穴埋め問題を解く

오답해설 1 増やした、 2 返した、 3 節約した 등이 적당.

30 정답 1

- 承知する：알다
  - 예) 皆さまご承知の通りです。

오답해설 2 招致したい (※N1 이상)、 3 同じだ、 4 一致させたほうがいい 등이 적당.

31 정답 3

- 座り込む：주저앉다
  - 예) 裁判所前に座り込む

오답해설 1 入り込んできた、 2 就いた、 4 座っている 등이 적당.

32 정답 1

- 生涯：생애
  - 예) 幸福な生涯

오답해설 2 人生、 3 一生、 4 一生 등이 적당.

問題7

33 정답 1

- 〜気味：〜기미
  - 예) 物価が少し下がり気味だ。

오답해설
2 悲しげな様子
3 曇りがちの日
4 子供っぽい服装

34 정답 3

- 〜ため：〜때문에
  - 예) 台風のため、電車が止まる。

오답해설
1 使ってみたところ、とても使いやすかった。
2 ここに来るたびに思い出す。
4 冬休みになったら、国に帰ります。

35 정답 4

- 〜がたい：〜하기 어렵다
  - 예) 忘れがたい思い出

오답해설
1 彼なら、そういうことを言いかねない。
2 「反対」とは言い出しかねて、賛成しくしまった。
3 やりかけの仕事があることを思い出した。

36 정답 3

- 〜わりには：〜치고는
  - 예) 彼は若いわりにはしっかりしている。

오답해설
1 暑かったので、窓を開けた。
2 安物を買ったばかりに、すぐに壊れてしまった。

4 彼は今日嬉しそうだね。声からして、いつもと違う。

37 정답 1

□ ~をめぐって : ~를 둘러싸고

　예) 境界線をめぐる隣の家との争い

오답해설
2 心をこめて料理を作る
3 先生を通して知り合う
4 資料をもとに分析する

38 정답 1

□ ~までして : ~까지 해서

　예) 手術までして美人になりたいとは思わない。

오답해설
2 N1合格だけあって、彼は日本語がうまい。
3 N3じゃなくて、N2に合格したい。
4 勉強もしないでN2合格なんて無理だ。

39 정답 4

□ ~につれて : ~에 따라

　예) 寒くなるにつれて、暖房器具の売上が伸びる。

오답해설
1 工事中につき、しばらく通行止めです。
2 日本製にしては、作りが大ざっぱだ。
3 乗車に際しては、特急券をお求めください。

40 정답 1

□ ~にあたって : ~즈음해서

　예) 美術展の開催にあたって、地元の企業から寄付を受けた。

오답해설
2 社会で生活するにおいては、信用が大切だ。
3 働いた時間に応じて給料が決まる。
4 うちの生徒に限って、そんなことをするわけがない。

41 정답 3

□ ~とはいうものの : ~라고 해도

　예) 賞金とはいうものの、たった1万円だった。

오답해설
1 大げさというより嘘に近い。
2 スペインと言えば、フラメンコが思い浮かぶ。
4 好きな食べ物といったら、ラーメンです。

42 정답 4

□ ~だけでなく : ~뿐만 아니라

　예) 出場するだけでなく、金メダルを取りたい。

오답해설
1 命にかかわる問題だけに、簡単には決められない。
2 こんな難しい問題、大人だってわからない。
3 彼が犯人だとすると、すべての疑問が解ける。

43 정답 2

□ ~次第 : ~하는 즉시, ~하는 대로

　예) わかり次第お知らせいたします。

오답해설
1 寒い上に雨まで降ってきた。
3 起こり得ることは全て考えた。
4 この本、お暇な折に読んでみてください。

44 정답 3

□ ～もかまわず : ～도 아랑곳하지 않고
　例 止めるのもかまわず、怒って部屋を出て行ってしまった。

오답해설
1　彼は挨拶もしないで、先に帰ってしまった。
2　このお店は、味はもとより雰囲気もいい。
4　結婚というものは、してみないとわからない。

問題 8

45 정답 2

水族館に ₄行きたい ₃と ₂言う ₁人は、私のほかには一人もいなかった。

46 정답 3

商品を多くの ₄人に ₁知ってもらう ₃には ₂テレビで宣伝するしかない。

47 정답 3

予防注射は、₄市内の病院 ₁なら ₃どこでも ₂受けられると思いますよ。

48 정답 2

初心者 ₃向けの ₄講座 ₂とはいえ ₁簡単なものではなかった。

49 정답 4

介護ロボットが ₃あれば ₁介護に関する ₄仕事はすべて楽になる ₂と言いきることはできない。

問題 9

50 정답 3

① 「…安心感が持てる」와 ② 「…音を出して知らせる」의 문장은 「①もあり ②もある」의 관계로 덧붙이는 의미의 표현을 넣는다.

오답해설
1　しかし
　例 確かにメールは便利だ。しかし、年賀状は手で書きたい。
2　それで
　例 急いでいた。それで、タクシーを使った。
4　それでも
　例 何回も説明した。それでも彼は納得しなかった。

51 정답 2

「探査、組み立て、掃除、介護」는 구체적인 예로서 들고 있으므로, 구체적인 예를 나타내는 표현을 넣는다.

오답해설
1　～というか
　例 酸っぱいというか甘いというか、ちょっとよくわからない味だ。
3　～といえば
　例 日本の料理と言えば、おすしですね。
4　～はさておき
　例 デザインはさておき、この車は運転しやすい。

52 정답 1

「～をすべて分析して」의 분석의 대상은 이 로봇에 대해서 앞의 문장에서 기술하고 있는 「人間の技術を伝えることができる」와 뒷문장의 「書いた人と同じ字を書くことができる」이므로 「人が書く時の動き」.

모의고사 제2회

53 정답 4

앞 문장의 내용을 가리키는 표현이 들어간다.

오답해설

1 **同_{おな}じような**
   예) また同_{おな}じような事故_{じこ}が起_おきた。

2 **これとは違_{ちが}う**
   예) 似_にているけど、これとはちょっと違_{ちが}う。

3 **ここで**
   예) 前半_{ぜんはん}が終_おわりました。ここで10分_{ぷんやす}休みましょう。

54 정답 2

「超一流_{ちょういちりゅう}の技_{わざ}を生_うみ出_だすのは人間_{にんげん}→인간이 기술을 연마하지 않으면 로봇도 그 기술을 전달할 수 없다」라는 내용에서 '기술을 연마하는 것이 필요'하다고 강하게 주장하는 표현이 들어간다.

오답해설

1 **～ないというわけではない**
   예) 生_{なま}の魚_{さかな}も、全_{まった}く食_たべないというわけではない。たまに食_たべる。

3 **～てもさしつかえない**
   예) ～検査前_{けんさまえ}だが、少_{すこ}しなら食_たべてもさしつかえないそうだ。

4 **～ないではいられない／～ずにはいられない**
   예) あまりにおいしそうで、一口_{ひとくち}食_たべないではいられなかった。

독해

問題10(短文)

(1)「콘서트의 즐거움」

55 정답 2

테마는「コンサートやライブの楽しみ」. 그것은「ミュージシャンと同じ時と場所を共有でき」,「同じ音楽を愛する人々と…共有する」를 의미한다.

오답해설

1→ 식사에 대해서는 쓰여있지 않음.
3→ 콘서트에 가는 사람은「尽きない」.
4→ 자신이 좋아하는 사람과 가는 이야기는 없음.

주요어휘

- 触れる：(여기서는) 만나다
- 共有(する)：공유
- 手軽に：간단하게
- 足を運ぶ：(어떤 장소로) 가다
- 尽きない：없어지지 않다, 다하지 않다
- 瞬間：순간

(2)「공장 야경」

56 정답 4

공장의 야경이 주목받게 된 구체적인 예로, 투어 기획이나「夜景サミット」의 개최를 들고 있다.

오답해설

1→ 아름다움을 느끼는 것은「明かり」나「光」에 대해서임. 연기나 소음에 대해 느끼는 것이 아님.
2→ 깨달은 것은 공장 경영자가 아님.
3→ 공장 야경의 아름다움을 깨달은 사람이 많아져서 투어 회사의 기획이 생겼다. 원인과 결과가 반대.

주요어휘

- 煙：연기
- 思い浮かぶ：떠오르다
- 煙突：굴뚝
- 民間の：민간의
- ～なるもの：～라는 것
- 独特の：독특한
- 魅力：매력

(3)「고등학생의 성실화」

57 정답 3

「…だろうか」「いや、違う」라는 의문→부정→의견의 패턴.〈「勉強熱心だ」라고 대답한 조사 결과→'성실해졌다'〉라고는 할 수 없다고 주장하고 있다.

오답해설

1→ 조사 방법에 대해서는 이야기하고 있지 않음.
2→ 본문 중「評価」는 고등학생에 대한 것으로 조사에 대한 평가가 아님.
4→ 필자는 이 생각에 '찬성할 수 없다'. 또한,「おとなしくなっている」라고는 말하고 있지 않음.

주요어휘

- 要求(する)：요구
- 水準：수준
- 納得(する)：납득
- 実態：실태

(4)「거북한 사람」

[58] 정답 **4**

조사 결과에 대해「(それは) Aということでしょうか。あるいはBかもしれません。」이라고 말하고 있다. 4의「その人の経験」가 A,「人間関係のあり方」가 B에 해당한다.

오답해설

1→ 교제의 자연스러운 변화를 기술하고 있지만, 일부러「避けようとする」라는 이야기는 없음.
2→ 출세는 하나의 예로, 출세하면 된다고 기술하고 있지는 않음.
3→ 어른이 되면 자연스럽게 교제 상대를 고를 수 있게 됨. 선택의 중요함은 기술하고 있지 않음.

주요어휘

- [ ] 年代が上がる: 나이를 먹다
- [ ] 出世する: 출세하다

(5)「추첨 결과의 공지」

[59] 정답 **2**

「さて」의 뒤에 주목. 「年末スペシャルコンサート」「招待券にご応募いただき」「当選とはなりませんでした」→ 이 콘서트에 응모했지만 당첨되지 않았다.

오답해설

3, 4 → 뉴이어 콘서트는 앞으로의 예정으로 응모도 초대도 앞으로의 일임.

주요어휘

- [ ] 平素: 평소
- [ ] 平素は格別のお引き立てをいただき…〈挨拶文〉: 저희 회사를 특별히 아껴주셔서…
- [ ] 応募者多数につき: 응모자가 다수여서 (문어체적인 딱딱한 말투)
- [ ] 厳正な: 엄정한
- [ ] 当選(する): 당선
- [ ] 詳細: 상세
- [ ] 弊社: 우리 회사 (겸양어)
- [ ] ご愛顧を賜る〈挨拶文〉: 관심 어린 애정을 받다

問題11(中文)

(1)「하야부사식 사고법」

[60] 정답 **2**

감점법이란 '틀리거나 실패하면 그만큼 평가를 차감하는' 방법. 이것에 해당하는 것은 '실수의 횟수로 정하는' 2번이다.

[61] 정답 **2**

세 번째 단락이 '평가가 애매해지는' 경우의 설명. '100점이 5명 있는 경우'라는 것은 2의「評価される人の多くが、優秀な人である場合」.

[62] 정답 **4**

네 번째 단락은 감점법의 단점 (「伸びる可能性…止まってしまう」), 마지막 단락은 감점법과 가점법의 비교. 감점법은「失敗を減らす」, 가점법은「成功を増大させる」라고 기술하고 있다.

오답해설

1, 2 → 알기 쉬운 정도나 앞으로의 예상에 대해서는 기술하고 있지 않음.
3 → 감점법으로는 노력을 해도 100점에서 멈추기 때문에「やってもムダ」라고 생각한다고 했음.

주요어휘

- [ ] 典型: 전형
- [ ] 差し引く: 빼다, 제하다
- [ ] 実施(する): 실시
- [ ] 分布(する): 분포
- [ ] 優秀(な): 우수

- ☐ 正当(な)：정당
  せいとう
- ☐ 天井：천정
  てんじょう
- ☐ 設定(する)：설정　⑩ パスワードを設定する
  せってい　　　　　　　　　　　　せってい
- ☐ 可能性：가능성
  かのうせい
- ☐ 避ける：피하다
  さ
- ☐ 採用(する)：채용
  さいよう
- ☐ 一言で：한마디로
  ひとこと
- ☐ 適用(する)：적용
  てきよう
- ☐ 努める：노력하다
  つと

(2)「업무 실수」

63　정답 4

안전해 보이는 장소에서도 사고가 나는 이유를 찾는다. 「この」의 내용은 글의 앞에 있다. 「歩行者は現れないと思い込んでいるから」 4번이 정답.
ほこうしゃ　あらわ
おも こ

오답해설

1→ 이것은 결과. 여기서는 그 이유를 묻고 있음.

2→ 「歩行者があまり渡らない」라는 사실이 아니라, '건너지 않을 것'이라는 판단이 사고의 원인.
ほこうしゃ　　　　わた

3→ (보행자에게 조심하라는 말을) 듣는지 아닌지는 쓰여있지 않음.

64　정답 1

「つまり」의 앞, 다섯 번째 단락은 「思い込みによるミス」의 심각한 예. 의사(＝전문가)는 일이 빠르고, 「ミスに気付く前に手術が終わってしまう」.
おも こ
き づ まえ しゅじゅつ お

오답해설

2→ '실수에 대한 대응'은 쓰여있지 않음.

3→ '빨리 일을 하는' 것에 대해서는 기술하고 있지만 '정성스러움'은 특별히 다루지 않음.

4→ 「間違いは無い」라고 생각한다고 되어 있지만 '빨리 일을 하는 편이 좋다'고 생각한다고는 쓰여있지 않음.
まちが　な

65　정답 3

일이 빠른 전문가 쪽이 실수를 깨닫지 못하고 일을 끝내 버리기 때문에 확신에 의한 실수를 할 위험이 높다고 기술하고 있다.

오답해설

1→ 초보자 쪽이 「ミスに気付けるチャンスが多い」라고 했지만, 우수하다고는 하지 않았음.
き づ　　　　　　　　　　おお

2, 4→ 해야 할 것, 하지 않으면 안 되는 것은 이야기하고 있지 않음.

주요어휘

- ☐ 作業：작업
  さぎょう
- ☐ 素早い：재빠르다
  すばや
- ☐ 大量に：대량으로
  たいりょう
- ☐ こなす：잘 처리하다
- ☐ まれに：드물게
- ☐ 一見：언뜻 보기에
  いっけん
- ☐ 深刻(な)：심각
  しんこく
- ☐ 引き起こす：불러일으키다
  ひ お
- ☐ 着手(する)：착수
  ちゃくしゅ
- ☐ 徹底的に：철저하게
  てっていてき
- ☐ 取り違え：착각, 혼동
  と ちが
- ☐ 心臓：심장
  しんぞう
- ☐ 肺：폐
  はい
- ☐ 手術：수술
  しゅじゅつ
- ☐ 医療：의료
  いりょう
- ☐ ～からこそ：～이기에
- ☐ 慎重(な)：신중
  しんちょう
- ☐ 対応(する)：대응
  たいおう
- ☐ 優れている：훌륭하다
  すぐ

(3)「이웃 갈등」

66 정답 **1**

이 발언을 한 하시모토 교수는 '맨션의 소음', '학교나 공원에서 노는 아이들의 소리', '매미나 개구리가 우는 소리'에 대한 불평을 지적하고 있다. '어떤 소리에도 불평을 말하게 되었다'는 내용.

67 정답 **4**

다섯 번째 단락에서「なぜ増えているのか」라고 묻고, 그 대답으로「他者をもてなす場…閉じこもる人が増えた」라는 분석을 소개하고 있다. 4는 이 분석의 내용에 해당한다.

오답해설

1→ 「騒音対策もされたのに」라고 쓰여있음.
2, 3→ 본문에는 쓰여있지 않음.

68 정답 **4**

첫 번째부터 네 번째 단락이 '이웃 갈등의 증가'에 대한 지적. 다섯 번째와 여섯 번째 단락이 '그 배경 분석'으로 '핵가족화, 고령자의 독신생활'을 들고 있다. 4는 이 배경의 분석을 정리한 것.

오답해설

1→ 관공서나 경찰에 대한 의견은 말하고 있지 않음.
2→ 소음 대책을 해도 불평은 증가하고 있음.
3→ 첫 번째 단락에 '오래되고' 새로운 문제라고 되어 있음.

주요어휘

- 統計 : 통계
- 近隣 : 근린, 근처
- 〜をめぐる : 〜를 둘러싼
- 寄せる : (정보, 의견을) 보내다
- 床 : 바닥
- 対策 : 대책
- 苦情 : 불만
- 感性 : 감성
- 指摘(する) : 지적
- 件数 : 건수 예 事故の件数、トラブルの件数、相談件数
- 殻に閉じこもる : 자신의 세계에 틀어박히다
- 傾向 : 경향
- 孤独(な) : 고독
- 交わる : 어울리다, 교제하다
- 欲求 : 욕구

問題 12 (統合理解)

「세습」

69 정답 **4**

A는〈「職業選択の自由」가 근대에 생긴 생각이라는 것〉을 소개하고, B는〈「職業選択の自由」에 해당하지 않는 직업이 있다는 것〉을 주장하고 있다.

70 정답 **1**

A는〈세습(부모와 같은 일을 하는 것)은…불공평하다〉라는 생각은 '당연'하다고 하고 있다. B는〈전통예능 세계 등에서는 세습도 '높이 평가할 수 있다'〉고 하고 있다.

주요어휘

- 近代 : 근대
- 意思 : 의사
- 尊重(する) : 존중
- 縛る : (여기서는) 얽어매다, 속박하다
- 気の毒(な) : 불쌍함
- 恵まれた : 혜택을 받은
- 不公平(な) : 불공평
- 独占(する) : 독점
- 奪う : 빼앗다
- 芸能 : 예능

해답 · 해설

- □ 訓練(する): 훈련
- □ 技能: 기능
- □ 差: 차, 차이
- □ 克服(する): 극복
- □ プレッシャー: 압박
- □ 次世代: 차세대, 다음 세대

- □ 汁: 즙, 국
- □ 成分: 성분
- □ 吸収(する): 흡수
- □ 役割を演じる: 역할을 연기하다
- □ 〜類: 〜류
- □ ミネラル: 미네랄
- □ わずかに: 약간
- □ 消化管: 소화관
- □ つぶす: 찌부러트리다
- □ 達成(する): 달성
- □ 製法: 제법, 만드는 법
- □ いずれにしても: 어느 쪽이든
- □ いったん: 일단

問題 13 (主張理解)

「채소를 먹다」

71 정답 3

①의 뒤 「なぜかと言いますと…からです」와 맨 마지막 단락의 「食物繊維やカルシウムなどは…」의 문장에서 알 수 있다.

오답해설

1 → 즙 부분이 아님.
2 → 몸에 좋은 성분이 적다고는 말하고 있지 않음.
4 → 어느 쪽이 많은지는 이야기하고 있지 않음.

72 정답 3

잘 씹는 것='몸에 좋은 것'이라는 말은 하지 않았다.

73 정답 2

'채소 전체를 먹어야만 비로소 채소를 먹는 의미가 달성된다'가 가장 말하고 싶은 것.

오답해설

1 → '비타민이 남지 않는다'고는 말하고 있지 않음.
3 → '마시지 않는 편이 좋다'고는 말하고 있지 않음.
4 → '국민생활센터의 실험을 참고로 선택한다'고는 말하고 있지 않음.

주요어휘

- □ 手軽に: 간단히
- △ 手っ取り早い: 손쉽다, 재빠르다

問題 14 (情報検索)

「공원 자원봉사」

63 정답 3

「応募条件」에 주목한다.

오답해설

1 → 견학회는 마을 산 자원봉사만. 참가는 자유.
2, 4 → 미을 산 자원봉사의 설명.

75 정답 1

표 안의 「活動日」와 응모조건의 첫 번째 설명에 주목한다. 「月2回以上、土曜日に活動できる方」라고 되어 있다.

오답해설

2 → 평일 참가는 자유.
3 → 3, 8, 9월 이외의 달에는 2회 정도 활동.
4 → 집중 활동 기간은 활동일이 매일이지만, 주 2일 이상 참가하면 됨.

모의고사 제2회

주요어휘

- □ 運営(する) : 운영
  うんえい
- □ 定期的(な) : 정기적
  ていてき
- □ 田植え : 모내기
  たう
- □ 再現(する) : 재현   예) 事件の再現ビデオ
  さいげん   じけん さいげん
- □ 区域 : 구역
  くいき
- □ 集中活動 : 집중 활동
  しゅうちゅうかつどう
- □ 条件 : 조건
  じょうけん
- □ 保護者 : 보호자
  ほごしゃ

청해

問題1

例　정답 3

会社で女の人と男の人が話しています。男の人はこれから何をしますか。

F：佐藤君、悪いんだけど、明日の会議の準備、ちょっと手伝ってもらえない？ 社長にほかのこと頼まれちゃって。
M：うん、いいよ。何すればいい？
F：この資料、20部ずつコピーして、セットしといてほしいんだけど。あ、でも、中身、ちょっと見てもらってからがいいかな。一応、ざっとは見直したんだけど。
M：わかった。…あれ？ これ、価格が違うよ。
F：えっ、うそ！ 違ってた？
M：うん、これ。25000円じゃなくて、28000円。…ってことは、この売上のグラフも違ってくるね。
F：ごめん、ざっとチェックはしたんだけど…。
M：まあ、とりあえず、もう一回一通り見てみるよ。ファイル、メールで送っといて。後で直しとくから。
F：ごめんね。すぐに送る。

男の人はこれから何をしますか。

주요어휘

□ ～ってことは… : ～라는 것은

□ とりあえず : 우선

□ 一通り : 대충, 한차례

1番　정답 3

男の人と女の人が見本市の準備について話しています。受付の際、家族連れの客には何を渡しますか。

M：では、受付について説明します。メーカーやお店の人など業界関係者の人の場合は、まず名刺をもらって、この青い参加証を渡してください。ひもが付いているタイプで、会場内ではこれを首から掛けてもらいます。これがあれば、一回出ても、また再入場できます。
F：じゃ、首から掛けている人には何もしなくていいんですね。
M：そういうことです。…で、一般のお客さんは、こっちの白い方です。それから、私たちスタッフと、ブースを出しているところはこの赤です。
F：わかりました。
M：次に、この会場案内です。期間中のイベントのプログラムも書いてあります。えー、ここですね。それと、今回は第10回ということで記念品のペンがあります。箱に入れてあるので、そのまま渡してください。
F：わかりました。

受付の際、家族連れの客には何を渡しますか。

주요어휘

□ 見本市 : 견본 시장

□ 業界 : 업계
　　예) 自動車業界、出版業界

□ ブース : 부스

2番　정답 2

女の人が、駅の案内所で、係の人と話しています。女の人は、どの切符を買いますか。

F：すみません、土日限定のお得な切符があるって聞いたんですが。
M：はい、土日限定のものですと、2種類ございます。こちらの区間内の電車と市バスが利用できて、有効期限が当日のものと、2日間のものがございます。それから、こちらは今月だけの期間限定で発売しているものなんですが、土日を入れて3日間、区間内で乗り降り自由となっております。
F：へえ、おいくらなんですか。
M：はい、当日のものは1000円、2日間のものですと1800円、こちらの3日間のものは2600円となります。あと、当日限りで電車のみのご利用というものもございまして、そちらが800円です。どのようなご予定ですか。
F：今日入れて3日間なんですが、今日はもう移動しないで、そのままホテルに行きます。明日は朝早くからいろいろ回りたいんです。で、月曜は、さくらタワー行って帰るだけっていう感じです。
M：それでしたら、こちらがおすすめです。バスは路線も多いですし、頻繁に走っていますので、付いてたほうが便利かと思います。
F：わかりました。じゃあ、これにします。

女の人は、どの切符を買いますか。

주요어휘

☐ 区間：구간
☐ ～っていう感じ：～같은 느낌
☐ 頻繁に：빈번히

3番　정답 3

会社で男の人と女の人が話しています。女の人はこれから何をしますか。

F：プレゼンの準備、大丈夫ですよね。忘れ物ないですよね。
M：うん。資料のデータはUSBにも入っているし、このPCにも入っているし…。サンプルも持ったし、パンフレットも。ほら。
F：サンプルは1セットじゃなくて、もう3セットぐらいあったほうがいいんじゃないですか。説明している間に、お客さんにも直接手に取って見てもらったほうがいいと思うんです。
M：そうだね。説明を聞くだけより、ずっとわかりやすいからね。じゃあ、サンプルはあと3セット持ってきてくれる？
F：わかりました。それからパンフレットももうちょっとコピーしてきましょうか。
M：いや、パンフレットはこっちの封筒にまだだいぶ余分があるから大丈夫。

女の人はこれから何をしますか。

주요어휘

☐ USB：USB 메모리
☐ PC：컴퓨터
☐ 余分：여분

4番　정답 4

図書館で、男の人と係の人が話しています。男の人はこれから何をしますか。

M：すみません、この本を借りたいんですけど。
F：はい。この書籍番号の数字が書かれた棚にあります。
M：じゃ、この本だと、番号が320だから、320の棚にあるんですね。
F：そうです。320だと、あちらの壁沿いの列になりますね。手前から4つ目の棚です。
M：わかりました。ありがとうございます。

F：あっ、ちょっと待ってください。お荷物はロッカーに入れていただけますか。
M：ロッカー？　ああ、わかりました。お金は戻るんですよね。
F：はい。
M：…あ、そうだ、コピーはできますか。
F：ええ。あちらの階段の脇にコピー機があります。1枚10円になります。
M：わかりました。どうも。

男の人はこれから何をしますか。

주요어휘

☐ 脇：옆

5番　정답 1

女の学生と男の学生が話しています。男の学生はこのあと、どうしますか。

F：あれ、どうしたの、ぐったりして。
M：昨日から体がだるくて…。熱があるみたい。
F：顔赤いね。辛そう…。ねえ、病院に行ったほうがいいんじゃない？
M：うん…でも、帰って薬飲んで寝るよ。今日はもう授業もないし。
F：そうしたほうがいいよ。
M：うん。じゃ、レポートを提出したら帰るよ。
F：レポート？　提出先は？
M：田中先生の研究室のポスト。
F：じゃ、出しておいてあげるよ。これから授業であっちの方に行くから。
M：えっ、いいの？じゃ、そうしてもらおうかな。

男の学生はこのあと、どうしますか。

주요어휘

☐ ぐったりする：축 늘어지다

問題 2

例　정답 3

会社で、男の人と女の人が話しています。お店を決めた理由は何ですか。

M：田中さん、歓迎会のお店、決まった？
F：あ…はい、駅の反対側の「よこづな」っていう和食のお店になりました。
M：え？イタリアンのお店じゃないの？おすすめだって言ってたじゃない。
F：ええ。今回は…。
M：そうか…ちょっと残念だな。田中さんのお気に入りだから、期待してたんだけど。なに？ちょっと高かった？
F：いえ、高くはないです。むしろ安い方だと。ただ…。
M：ただ…？
F：部長がすごくいいお店だって言うから…。おいしくて、サービスがいいって。
M：ああ、そういうことね。じゃ、しょうがないね。そのイタリアンのお店はこの次、行こうよ。
F：そうですね。

お店を決めた理由は何ですか。

주요어휘

☐ ただ…：다만, 단지

1番　정답 2

大学で、男の学生と女の学生が話しています。男の学生は、プログラムの何がいいと言っていますか。

M：あっ、マリアさん、エレベーター前のポスター見た？「正月を仲間と過ごそう」っていうタイトルの。
F：いえ。何ですか、それ。
M：留学生と日本人学生が集まって、年末年始を一緒に過ごすんだよ。いろんな行事とか体

験しながら。大学のゲストハウスに4日間泊まって、食事付きで5000円かな。

F：へー、面白そう。私、今年は国に帰らないし、参加してみようかなあ。4日で5000円っていうのも、安いですね。

M：うん。ぼくも参加したことあるけど、よかったよ、いろんな人と知り合えて。マリアさんにおすすめだよ。

F：じゃ、早速、資料をもらってきます。

男の学生は、プログラムの何がいいと言っていますか。

주요어휘

△ **ゲストハウス**：게스트하우스

2番 정답 4

男の人と女の人が話しています。どうして打ち合わせの予定を変更しなければなりませんか。

M：原さん、ABC広告との打ち合わせの日を変更しなければならなくなったよ。

F：どうしたんですか。サンプルも上がって準備はできてるのに。

M：15日だと青木さんが打ち合わせに出られないんだよ。

F：ああ、彼、大阪に出張でしたね…。でも、日にちが重ならないようにしてたんじゃないんですか。

M：うん。大阪の件は元々は14日で約束してたんだけど、先方がどうしても15日にしてほしいって言ってきたらしい。

F：そうなんですか。

M：まあ、しょうがない。でも、ABC広告とは今回が最初のプレゼンだし、どんな質問とか注文とかが来るか、わからないしね。デザインをした本人には、いてもらったほうがいいんだよ。

F：そうですね。じゃ、とにかく、日にちを変えてもらうしかないですね。

M：そうなんだよ。

どうして打ち合わせの予定を変更しなければなりませんか。

주요어휘

□ **日にちが重なる**：날짜가 겹치다
□ **先方**：상대편
□ **プレゼン(テーション)**：프레젠테이션

3番 정답 2

国際フェアについて、スタッフが話しています。今回初めて演奏をするかもしれない国はどこですか。

F：今年は去年以上に盛り上げたいね。

M：もちろん。料理はいつも賑わうから、ステージに力を入れたいね。

F：そうね。去年は中国の二胡とかタイの踊りとか評判よかったけど、ステージのプログラムは少なかったかな。あと2つ、3つほしいよね。

M：うん、2つだね。「ニコ」って、チェロみたいな楽器でしょ。あの音好きだな、優しい感じで。やっぱり音楽はいいよ、人が自然に寄ってくるし。

F：うん。じゃ、ガムランはどう？

M：ああ、いいんじゃないかな、バリ島は日本の女性に人気があるからね。それに、インドネシアはまだステージでは何もやったことがなかったから、新鮮でいいと思う。

F：そうね、わかった。

M：ぼくはモンゴル相撲が見てみたいな。最近、モンゴル出身の力士が多いから、日本の相撲とどう違うか、興味ある人、多いと思う。

F：それもよさそう。じゃ、そっちをお願いね。

M：わかった。

今回初めて演奏をするかもしれない国はどこですか。

주요어휘

□ **盛り上げる**：고조시키다
□ **賑わう**：활기차다

- □ ステージ：스테이지, 무대
- □ 力士：스모 선수

4番　정답 4

男の人と女の人が話しています。どうして最初に提案した店にしなかったのですか。

M：田中さん、今年の忘年会はどこがいいでしょう？

F：そうねえ…。「ミラノ」は？ 駅からちょっとあるけど。

M：ああ、あそこは間違いないですよね。雰囲気がいいし、料理もおいしいし。

F：値段も手ごろだしね。…もしくは和食の店で「ふじや」かな。こっちは駅前だから便利だよね。

M：ああ、「ふじや」もいいな。魚がうまいですよね、新鮮で。うーん、困りましたね。

F：でも、あれかなあ…。「ミラノ」はここんところ、続いてるのよね。野田さんの送別会の時もあそこだったし。

M：確かに。ちょっと多いかもしれませんね。変えたほうがいいですかね。

F：そうね。いいんじゃない、「ふじや」で。

M：じゃ、早速予約しときましょうか。年末はすぐ埋まっちゃいますから。

F：うん、そうして。

どうして最初に提案した店にしなかったのですか。

주요어휘
- □ **あれかなあ…**：좀 그런가
- □ **ここんところ**：최근
- □ **埋まる**：꽉 차다

5番　정답 3

夫婦が話しています。夫は、部下に対して怒っているのは、なぜだと言っていますか。

F：どうしたの？

M：まったく、最近の若いやつは言うことがめちゃくちゃだ。

F：言葉遣い？ まあ、敬語とかの間違い、多いよね。

M：それはもう諦めてる。でも、会議に遅刻しておいて、謝り方も知らないというのはどうかと思う。

F：何て言って謝ったの？

M：資料の準備が大変だったから、仕方がないっていう言い方なんだよ。確かに大変だったのは俺も知っていたけれど、だからと言って、全然自分に責任がないような言い方をすることはないだろう。あれじゃ、ほかの部の連中やお客様に恥ずかしいじゃないか。まったく、もう。

夫は、部下に対して怒っているのは、なぜだと言っていますか。

주요어휘
- □ **～ておいて**：～면서
- □ **～も知らない**：～도 모르다
- □ **～のはどうかと思う**：～면 안 된다고 생각한다
- □ **だからといって**：그렇다고 해서
- □ **～ことはないだろう**：～하는 건 아니지
- □ **まったく、もう**：정말, 진짜

6番　정답 2

留学生と女の先生が話しています。留学生は、どこの紅葉を見に行くつもりですか。

F：ジョンさん、日光は紅葉、どうでした？

M：それが…いい時期はもう過ぎてしまったみたいなんです。

F：そうですか。京都は来週が見ごろだって、昨日、ニュースで言ってたけど、日光はちょっと早かったんですね。

M：どうして日光と京都で時期が違うんですか。

F：日本は小さい国だけど、意外に南北に長くて、高い所と低い所の高低差もあるから、地域によって気候の差が結構あるのよ。だから紅葉のシーズンも、北から南にだんだん移っていくの。

M：そうか…それで京都の紅葉は来週が一番いいんですね。いいなあ、見てみたいな。

F：この時期の京都はすごく混みますよ。宿がとれないんじゃないかなあ。

M：そうなんですか。でも、宿はどこでもいいんで、ちょっと調べてみます。…あ、先生、桜はどうなんですか。桜も北から南なんですか。

F：いえ、逆です。南の方からだんだん暖かくなって花が咲いていくから、南から北の順になるんです。東京は3月の終わりごろから4月がシーズンだけど、北海道は6月ごろに咲くところもあるんですよ。

M：なるほど。じゃ、そのころを楽しみにしてます。

留学生は、どこの紅葉を見に行くつもりですか。

주요어휘

☐ **見ごろ**：보기 좋은 시기

　㊀ メロンは、今が食べごろです。

問題3

例　정답 2

テレビで女の人が話しています。

F：最近は、市民マラソンがあちこちで開かれるようになりましたね。私の町でも、3年前から開催されています。元々ジョギングを楽しむ人は多かったんですが、マラソン大会が開かれるようになって、走る人が年々増えているように思います。まあ、健康的で、いいことだとは思うんですが、中には遊歩道をスピードを出して走る人もいて、いきなり後ろから追い越されて、びっくりすることがあります。ゆっくり歩いてるお年寄りや、小さい子どもを追い越すのを見るたびに、ひやひやします。

女の人は何について話していますか。

1　前の人の追い越し方
2　走っている人のマナー
3　マラソン大会で驚いたこと
4　市民マラソンのおもしろさ

주요어휘

☐ **遊歩道**：산책로

☐ **いきなり**：갑자기

☐ **ひやひやする**：조마조마하다

1番　정답 2

テレビで、アナウンサーが話しています。

F：学生の就職活動を「就活」と呼ぶのと同じように、いつの頃からか、結婚を目的にした活動を「婚活」と呼ぶようになりました。さてこの「婚活」、最近では、活動のスタイルや関連のサービスなどに、さまざまな広がりが見られます。注目したいものの一つに、市や町など自治体の支援が挙げられます。例えば、婚活中の男女を集め、彼らに格安の利用券を提供して、地元のレストランやレジャースポットなどを一緒に回ってもらう、というようなものです。より多くの人と気軽に知り合うことができるということで、大変好評のようです。このように、今や「婚活」は、単なる個人的な問題にとどまらず、少子化や若者離れに悩む地方社会にとっても大きな関心事になっているようなのです。

この話の主なテーマは何ですか。

1　就職のための活動
2　結婚のための活動
3　若者の地方離れ
4　市や町の人気企画

주요어휘

☐ **支援（する）**：지원

☐ **格安**：아주 쌈

☐ **少子化**：저출산화

2番　정답 3

留学生の女の人がゼミの先輩と発表の手順について話しています。

M：オリガさん、うちのゼミは発表の手順がちょっと変わっているので、説明しとくね。
F：そうなんですか。じゃ、お願いします。
M：うん。発表する前に必ず二人のゼミ生にチェックをしてもらうんだよ。二人からは問題点なんかを書いた質問票が送られてくるから、それに対する回答と修正をして、最後にレポートとその質問票をみんなにメールする、そういう流れ。
F：なんだか複雑そうですね。具体的にはどういうスケジュールになるんですか。
M：二人にレポートを送るのが2週間前、みんなにレポートと質問票を送るのが3日前。
F：とにかく2週間前に用意しないといけないんですね。じゃあ、あと3週間か…。わかりました、どうも。

いつまでにレポートをみんなにメールしなければなりませんか。
1　発表の3週間前
2　発表の2週間前
3　発表の3日前まで
4　発表の前日まで

3番　정답 2

女の学生と男の学生が話しています。

F：ねえ、聞いて。昨日、上田先生のゼミで発表したんだけど、珍しく褒められちゃった。
M：へー、すごいね。あの先生、厳しいって有名だからね。よく叱るんでしょ。
F：そうなの。だから、ちょっとやる気が出た。
M：人間、褒められると伸びるって言うもんね。スポーツとか運動能力についてよく言われるみたいだけど、勉強もそうだよね。
F：そう思う。成績が悪いとか、うまくできないからって叱るのは、どうかと思うな。
M：うん。むしろ逆効果だよね。やっぱり、ちょっとでも自信とか達成感が得られるのがいいんじゃないかなあ。
F：そうね。あと、うまくできたときにご褒美がもらえると、もっとやる気が出る。何か買ってもらえるとか、おいしいものが食べられるとか。
M：そりゃ、そうだよ。

二人は何について話していますか。
1　叱ることについて
2　褒めることについて
3　努力と成果について
4　人の能力について

주요어휘
☐ 逆効果：역효과
☐ 達成感：성취감

4番　정답 4

女の学生と男の学生が話しています。

F：田中さん、自転車見つかったんだって。よかったね。
M：それがそうでもないんだよ。5000円もとられちゃって。
F：5000円!?　どうして？
M：昨日、市のほうから連絡があったんだよ、自転車取りに来てくれって。失くしたって届けは出してなかったんだけど、自転車の登録をしてたから。
F：ああ、防犯登録ね。で、どこにあったの？
M：違法駐輪とかの自転車を保管してるとこ。バス停のそばにずっと置いてあったみたい。
F：えっ、じゃあ、それで払わされるの!?　盗まれたって言えばいいじゃない。
M：言ったよ、もちろん。でも、そういう言い訳をする人が結構いるんだって。違法駐輪してるのに、お金払いたくないもんだから。

F：いやだね、そういうの。
M：結局、どうしようもないから払ったよ。
F：もったいないね。
M：届け出しなきゃって思ってたんだけど、ずっと忙しくてさ、つい後回しにしちゃったんだよね。

5000円の支払いは何に対するものですか。
1　自転車の登録をしなかったこと
2　借りた自転車を返さなかったこと
3　市の自転車を勝手に使ったこと
4　とめてはいけない所に自転車をとめたこと

5000엔은 벌금.

주요어휘
- □ 違法(な)：위법
- □ 駐輪：주륜, 자전거를 주차함
- □ 保管(する)：보관
- □ 言い訳(する)：변명
- □ 後回し：뒤로 미룸

5番　정답3

社内でアナウンスをしています。

女：総務課からのお願いです。社内の皆さん、席を離れるときにパソコンをつけっぱなしにしていませんか。オフィスには社外の方が出入りすることもあります。重要な情報を画面に出したままにしないでください。書類なども同じです。机の上に広げたままにせず、使用後はすぐファイルに戻すようにしてください。また、無駄なコピーをとると、それだけ情報がもれる危険が高くなります。コピーは必要な分だけにしてください。以上、総務課からのお願いでした。

何を呼びかけていますか。
1　電気を無駄に使わないこと
2　道具や機械を大事に使うこと
3　情報の管理に気をつけること
4　身の回りをきちんとすること

주요어휘
- □ 総務課：총무과
- □ 〜っぱなし：〜한 채로임
- □ 情報がもれる：정보가 새다

問題4

例　정답2

F：かたづけ、私の方でしておきましょうか。
M：1　わかった。そうしておくよ。
　　2　そう？　助かる。
　　3　いや、そんなことはないと思うよ。

1番　정답3

M：そろそろ開始予定の時間ですが、先生はまだお見えになっていませんか。
F：1　すぐ伺います。
　　2　また、お出でになります。
　　3　間もなく、いらっしゃると思います。

주요어휘
- □ お見えになる：오시다,「来る」의 존경어

2番　정답3

M：あのう、奥の会議室も鍵を閉めちゃってかまいませんか。
F：1　ええ、開けてもかまいません。
　　2　閉めたままにしておいてください。
　　3　すみません、もうちょっと使いたいんですが。

3番　정답 2

M：今のビジネスマンにはケータイが欠かせませんね。

F：1　いえ、欠かせます。
　　2　本当に。ないと仕事ができません。
　　3　いいえ、必要です。

주요어휘

□ 欠かせない：빼놓을 수 없다

4番　정답 2

M：荷物が多いですね。どれかお持ちしましょうか。

F：1　ええ。じゃ、これを持ちましょう。
　　2　じゃ、これ、持ってもらえますか。
　　3　ありがとう。じゃ、これをお持ちします。

5番　정답 3

M：今度の企画、なかなかいいね。

F：1　いえ、どういたしまして。
　　2　なかなかですか…。自信はあったんですが。
　　3　ありがとうございます。

1→　감사 인사에 대한 말

2→　「なかなかだ」는 「かなりだ」 등에 가까운 플러스 평가

6番　정답 1

F：やっぱりここのコーヒーは違うね！

M：1　うん、最高だよ。
　　2　残念だね、期待してたのに。
　　3　なんで普通のコーヒーが出せないんだろう？

주요어휘

□ 違う：다르다

7番　정답 2

F：すみません。それ、取っていただけませんか。

M：1　はい、取りましょう。
　　2　これですか、どうぞ。
　　3　いいんですか。どうも。

1→　구체적인 동작 (A)를 요구하는 것에 대해, 「Aします/しましょう」와 같이 대답하지 않음.

8番　정답 2

M：部長、その企画、私にやらせていただけませんか。

F：1　そうですねえ。じゃ、やらせましょう。
　　2　そうだなあ。じゃ、やってもらおうか。
　　3　そうねえ。じゃ、やってあげましょう。

1→　상대방에게 직접 사역표현 「〜せる/させる」을 쓰는 것은 다음과 같은 상황(보통은 쓰지 않음).

　예)　あなたを待たせるつもりはありませんでした。

9番　정답 2

F：あ、会議室、取っといてくれた？
M：1　はい、これから予約します。
　　2　はい、押さえました。
　　3　いえ、取ってあげられませんでした。

주요어휘

□ 取る：(장소를) 얻다, 예약하다

□ 押さえる：(장소나 시간을) 잡다, 예약하다

10番　정답 3

M：いやあ、お待たせしてすみません。

F：1　いいえ、どうぞご遠慮なく。
　　2　いいえ、お待ちしておりました。
　　3　いいえ、お忙しいところ、すみません。

방문객을 기다리게 했을 때의 말과 그것에 대응하는 말.

1 1番　정답 2

M：ねえ、このお菓子、おいしいよ。食べてみたら？

F：1　どうぞ遠慮なく。
　　2　甘いものはどうも…。
　　3　そんなふうに言われるなんて、うれしいです。

주요어휘

□ ～はどうも…：～는 아무래도, ～는 좀

問題5

1番　정답 4

男の学生と女の学生が美術館の職員と話しています。

F1：入場料は1000円か…。学割が使えるから2割引になるんだよね。
M：あ、いいんだよ、招待券があるから。いらない。
F1：ああ、そうなの？じゃあ、ありがたく…。
M：すみません、これで2名、お願いします。
F2：はい。…あ、すみません、このチケットは一枚お一人様のみのご使用になるんですが。
M：えっ、そうなんですか。あっ、ほんとだ、1名って書いてある。この間のチケットは2名分だったんだけどなあ。
F1：まあ、しょうがないじゃない。
M：じゃあ、一人はこれで、一人は学生割引で。
F2：はい。

学生はいくら払いますか。
1　2000円
2　1600円
3　1000円
4　800円

주요어휘

□ ありがたく：「ありがたくいただきます」의 생략형

2番　정답 2

女の人が学生の就職について話しています。

F：ここ何年か、企業の募集が減り、皆さんも大変だと思います。しかし、その一方で、このサクラ電気のように、今日、あらゆる分野でグローバルに人材を求める企業が増えています。日本への留学生だけでなく、海外の大学で日本語や日本経済を学んだ者など、採用の対象もより広くなっています。背景として、少子化による労働力不足や国内消費の伸び悩みなどがあるかもしれません。しかし、それらを含めた経済や社会のグローバル化が、その最大の要因といえ、この傾向は、今後もさらに進むものと思われます。ただそうした中、日本の企業や経済には、伝統的な日本のやり方や考え方が広く残っていて、それにとまどい、うまく対応できない外国人もいます。そのギャップを埋められるよう、皆さんにはしっかりと、企業と学生の橋渡しをしていただきたいと思います。

女の人は、誰に対して話していますか。
1　外国人留学生
2　学校の就職指導の担当者
3　企業の経営者
4　企業の面接担当者

주요어휘

□ グローバル：글로벌, 세계적임

□ 人材：인재

□ 少子化：저출산화

□ 労働力：노동력

□ ギャップ：갭

□ 橋渡し：중개

3番 질문1: 정답 3 질문2: 정답 4

주요어휘

- □ 漬物: 절임채소
- □ 要するに: 즉, 요컨대, 결국
- □ 煮物: 조림, 조린 음식
- □ ありがたい: 고맙다

料理教室で、女の先生が話しています。

F1: 今日は皆さんに、白菜を使った料理に挑戦していただきます。白菜は元々冬のお野菜なので、鍋料理が代表的ですが、それ以外にも、さまざまな料理に使うことができます。どの部分を使ってもおいしく食べることができますが、場所によって硬さや味に違いがあります。外側の青い葉は、硬くて苦味が少しあって、油を使った料理や鍋料理によく合います。中心部分は、柔らかく甘みがあって、サラダや漬物などにピッタリです。ではまず、どんな料理にチャレンジするか、考えてみてください。

M: 白菜か…。何か変わったものがいいけど、おすしじゃ変だし。でも、要するに、キャベツみたいなもんだよね。じゃ、ロールキャベツとかがいいのかなあ。

F2: あ、それ、いいかも。合いそう。私はサラダにしようかな。毎日食べるから、メニューが増えるとうれしい。

M: いいんじゃない。キャベツとかレタスとかが高くなったときに代わりに使えるし。…そうだなあ、僕もそういうのにしようかな。

F2: そういうのって？

M: 普段食べるようなもの。そうすると、やっぱり炒めものだな、簡単にできるから。中華風に豚肉とかニンジンとかと炒めようかな。

F2: じゃあ、私がロールキャベツやろうかなあ。いい？

M: もちろん。

F2: ほら、サラダだと、すぐできて、おもしろくないし。それに、これからどんどん寒くなるじゃない。あったかい煮物のほうがありがたい気がしてきた。でも、普通じゃ、つまんないから和風にしてみようかな。

M: あ、いいね。そうして。

質問1: 女の人はどのように調理しますか。
質問2: 男の人はどのように調理しますか。

모의고사 제3회 정답·해설

정답

언어지식 (문자·어휘·문법)

問題1		問題5		問題8	
1	4	23	3	45	2
2	3	24	3	46	1
3	4	25	1	47	1
4	2	26	2	48	4
5	3	27	2	49	3
問題2		問題6		問題9	
6	2	28	1	50	2
7	4	29	2	51	3
8	3	30	4	52	4
9	3	31	2	53	4
10	1	32	3	54	2
問題3		問題7			
11	4	33	3		
12	3	34	3		
13	3	35	1		
14	4	36	3		
15	1	37	3		
問題4		38	4		
16	3	39	1		
17	1	40	3		
18	4	41	3		
19	2	42	2		
20	2	43	1		
21	1	44	4		
22	2				

독해

問題10	
55	3
56	1
57	3
58	4
59	2
問題11	
60	2
61	3
62	1
63	3
64	1
65	2
66	1
67	1
68	3
問題12	
69	3
70	2
問題13	
71	3
72	2
73	1
問題14	
74	2
75	3

청해

問題1		問題4	
例	3	例	2
1	2	1	1
2	3	2	1
3	3	3	2
4	1	4	2
5	2	5	2
問題2		6	3
例	3	7	3
1	2	8	1
2	3	9	3
3	4	10	1
4	1	11	1
5	4	問題5	
6	3	1	3
問題3		2	2
例	2	3 (1)	3
1	4	(2)	2
2	1		
3	2		
4	3		
5	1		

※해설에서는 「주요어휘」에 N2 레벨의 어휘를 싣고, 체크박스(□)를 붙였습니다. 설명을 위해 사용한 일부 어려운 어휘에는 △가 붙어 있습니다.

언어지식

問題 1

1 정답 **4**

- □ 危うく：하마터면, 가까스로
- ▶ □ 危＝キ／あぶーない、あやーうい
  - 例 危険、危ない場所、危うく助かる

2 정답 **3**

- □ 促す：재촉하다
- ▶ □ 促＝ソク／うながーす
  - 例 催促、返事を促す

3 정답 **4**

- □ 大幅(な)：큰 폭
- ▶ □ 大＝ダイ、タイ／おお、おおーきい
  - 例 大部分、大成功、大気、大会、大雨、大通り
- ▶ □ 幅＝フク／はば
  - 例 道の幅が狭い

4 정답 **2**

- □ 幸運(な)：행운
- ▶ □ 幸＝コウ／さいわーい、しあわーせ
  - 例 幸福、幸いな出来事、幸せな人生
  - 例 幸い無事でした。(다행히 무사했습니다)
- ▶ □ 運＝ウン／はこーぶ
  - 例 運動、運転、荷物を運ぶ

5 정답 **3**

- □ 漁師：어부
- ▶ □ 漁＝リョウ、ギョ   例 大漁、漁船
- ▶ □ 師＝シ   例 教師、医師、美容師

問題 2

6 정답 **2**

- □ 慣れる：익숙해지다
- ▶ □ 慣＝カン／なーれる、なーらす
  - 例 習慣、仕事に慣れる

7 정답 **4**

- □ 扱い：취급
- ▶ □ 扱＝あつかーう   例 丁寧に扱う

8 정답 **3**

- □ 掲げる：걸다
- ▶ □ 掲＝ケイ／かかーげる
  - 例 掲示、国旗を掲げる

9 정답 **3**

- □ 移転(する)：이전
- ▶ □ 移＝イ／うつーる、うつーす
  - 例 移動、新しい家に移る、テレビを居間に移す
- ▶ □ 転＝テン／ころーがる、ころーがす、ころーぶ

例 回転、ボールが転がる、道で転ぶ(길에서 넘어지다)

10 정답 1

□ **甘党**:(술을 싫어하고) 단것을 좋아하는 사람
▶ □ 甘=カン／あまーい
　例 人工甘味料(인공 감미료)、〈料理〉甘味を足す
▶ □ 党=トウ　例 政党

問題3

11 정답 4

□ **可能性**: 가능성
▶ □ ～性: ～의 경향·성질
　例 安全性、具体性、規則性、必要性、方向性

오답해설
1 ～化: 변하는 것, ～화 (→「제1회」11 참조)
2 ～的: ～의, ～의 성질·요소가 강함, ～적
　例 日本的な女性、国際的な大会、社会的役割、法的手段、公的機関、家庭的な人、一般的な方法、基本的な知識、科学的な説明、歴史的事実、音楽的才能、印象的な場面、感覚的な違い
3 ～例: ～의 예　例 具体例、実例

12 정답 3

□ **不自由**(な): 자유롭지 못함, 마음대로 되지 않아 난처함
　例 不確定、不許可

오답해설
1 未～, 2 無～ (→「제1회」11 참조)
4 非～: ～가 아님, 비~
　例 非常識、非暴力

13 정답 3

□ **死亡率**: 사망률
　例 合格率、物価の上昇率

오답해설
1 ～感　例 安心感、満足感
2 ～化: (→「제1회」13 참조)
4 ～力
　例 影響力、理解力、生活力、精神力、生命力、想像力、注意力、判断力、労働力

14 정답 4

□ **手動式**: 수동식
　例 日本式、２段式ベッド

오답해설
1 ～種　例 コメの品種、人種問題
2 ～法　例 調理法、勉強法、健康法、作法
3 ～感: (→ 13 참조)

15 정답 1

□ **人件費**: 인건비
　例 交通費、食費、旅費、パーティーの会費

오답해설
2 ～額　例 全額、金額、半額、総額
3 ～率: (→ 13 참조)
4 ～代　例 電気代、タクシー代、本代

모의고사 제3회

問題 4

16 정답 **3**

□ **重い**：(병이나 죄 등이) 심각하다, 무겁다
　예 重い罪／重い責任

오답해설
1 **軽い**：가볍다
　예 軽い荷物、軽いけが、軽い食事、軽い罪
2 **厚い**：두껍다, 두텁다
　예 厚い本、厚い信頼、「厚く御礼申し上げます。」
4 **厳しい**：엄하다, 혹독하다
　예 厳しい先生、厳しい状況、厳しい寒さ

17 정답 **1**

□ **覚え**：기억
　예 覚えがいい (=기억력이 좋다)

오답해설
2 **思い**：생각
　예 思いを強くする、楽しい思い
3 **扱い**：대우, 접대, 취급
　예 丁寧な扱い、火の扱い
4 **試し**：시험
　예 試しにやってみる、お試しコース

18 정답 **4**

□ **検討(する)**：검토
　예 日程を検討する／検討中の企画

오답해설
1 **検査(する)**：검사
　예 荷物/胃を検査する
2 **反省(する)**：반성
　예 自分の行動を反省する
3 **反対(する)**：반대
　예 反対の立場、反対運動

19 정답 **2**

□ **覆い隠す**：덮어 숨기다
　예 お金を隠す、姿を隠す

오답해설
1 **防ぐ**：막다
　예 敵を防ぐ、事故を防ぐ
2 **囲む**：둘러싸다
　예 先生を囲んでお祝いをする
3 **支える**：받치다
　예 倒れそうな木を支える、産業を支える技術

20 정답 **2**

□ **組み込む**：짜 넣다, 편입시키다
　예 保険にかかる費用も予算に組み込む

오답해설
1 **編む**：짜다
　예 毛糸で編む
3 **産む**：(아이·새끼·알을) 낳다
　예 昨日産まれた子犬
4 **読む**：읽다
　예 試合の流れを読む、時代を読む

21 정답 **1**

□ **押し切る**：무릅쓰고, 강행하다
　예 力で押し切る、数で押し切る

오답해설
2 **持つ**：가지다, 지속하다, 지탱하다
　예 責任を持つ、体力が持つ(유지되다)
3 **離す**：떼다
　예 手を離す、切り離す
4 **引く**：당기다, 끌다, 긋다
　예 綱を引く、線を引く、注意を引く

22 정답 2

□ **言い当てる** : 알아맞히다
  예) 出されたクイズ全問を言い当てた。

오답해설
1 **建つ** : (건물이) 세워지다, 서다
  예) 家が建つ
3 **勝つ** : 이기다
  예) 試合に勝つ、A大学に勝つ
4 **打つ** : 치다, 때리다
  예) ボールを打つ、文字を打つ(글자를 치다)

問題 5

23 정답 3

□ **ベストセラー** : 베스트셀러
  예) ベストセラーはたいてい読んでいる。

24 정답 3

□ **経つ** : (시간이) 경과하다, 지나다
  예) 10分経つ、10年経つ

25 정답 1

□ **横ばい** : 변화가 없는 일정한 상태, 보합
  예) 米の値段は横ばいだ。

26 정답 2

□ **ホッとする** : 안심하다
  예) 子供の熱が下がってホッとした。

27 정답 2

□ **見当もつかない** : 예측을 할 수 없다
  예) どんな問題が出るのか、見当もつかない。

問題 6

28 정답 1

□ **口をきく** : 말하다
  예) 彼とは口もききたくない。

오답해설 2 うるさい、3 話を聞いて、4 知っている 등이 적당.

29 정답 2

□ **取り残す** : (일부를) 남겨 두다
  예) 家の中に人が取り残されていないか、よく見てください。

오답해설 1 残さない、3 しよう、4 残して 등이 적당.

30 정답 4

□ **整備**(する) : 정비
  예) 電車の整備、車の整備

오답해설 1 整理、2 準備、3 訓練 등이 적당.

31 정답 2

□ **ぶら下がる** : 매달리다
  예) 木の枝に何かがぶら下がっている。

오답해설 1 降りた、3 下がった、4 出た 등이 적당.

32 정답 3

□ **なおさら** : 더욱(더), 더 한층

　예) 風が吹くと、なおさら寒く感じる。

오답해설　1 きっと、2 とても、4 やっぱり 등이 적당.

問題 7

33 정답 3

□ **～からには** : ～한 이상(은)

　예) 飼い始めたからには、ちゃんと世話をしなさい。

오답해설
1　高校生によく間違えられるのは、顔が幼いからかなあ。
2　旅行がきっかけで、タイ語を勉強するようになった。
4　発音の難しさからいうと、韓国語より中国語の方が難しい。

34 정답 3

□ **～の末** : ～한 끝에

　예) 話し合いの末、離婚することになった。

오답해설
1　家族とよく相談したうえで、決めてください。
2　使用に際しては、説明書をよくお読みください。
4　急いでいる時に限って、電話がよくかかってくる。

35 정답 1

□ **～して以来** : ～한 이래

　예) 彼とはけんかして以来、もう10年近く会っていない。

36 정답 3

□ **～ようかしまいか** : ～할지 안 할지

　예) パソコンを買おうか買うまいか、考え中だ。

37 정답 3

□ **～をめぐって** : ～를 둘러싸고

　예) 道路建設をめぐって、議論が行われている。

오답해설
1　法律に基づいて決定する。
2　拍手に応えて、もう一曲歌ってくれた。
4　歌が上手だといっても、プロのようには歌えない。

38 정답 4

□ **～に限って** : ～에 한해서

　예) こういう時に限って、店が休みだ。

오답해설
1　5月にしては暑い。
2　正月の過ごし方について調査する。
3　入国に際し、いくつか書類を提出しなければならない。

39 정답 1

□ **～次第** : ～에 달렸음

　예) 買うかどうかは値段次第だ。

오답해설
2　辛くて泣きたいぐらいだ。
3　明日は雨が降るに違いない。
4　声だけ聞くと、彼女はまるで男みたいだ。

40 정답 3

□ **～にわたって** : ～에 걸쳐

　예) 広い範囲にわたって停電になった。

41 정답 3

☐ **~にこしたことはない** : ~보다 나은 것은 없다

　예) 薬は飲まないに越したことはない。

오답해설
1　これは本人が書いたものに相違ない。
2　単に忙しいだけで、行きたくないというわけではない。
4　売上が伸びたといっても、2%に過ぎない。

42 정답 2

☐ **~にほかならない** : ~임에 틀림없다

　예) 実験が成功したのは、皆の協力があったからにほかならない。

오답해설
1　彼の演奏の素晴らしさと言ったらない（＝とても素晴らしい）。
3　忙しくて、寝ているどころじゃない。
4　家を建てたと言っても、自慢するほどのものじゃない。

43 정답 1

☐ **できるものなら** : 가능하다면

　예) できるものなら、キャンセルしたい。

오답해설
2　会えたとしても、話はほとんどできないだろう。
3　人前で話すのが苦手なものだから、スピーチはいつも断っています。
4　自分の気持ちを素直に言えたなら、どんなに楽だろう。

44 정답 4

☐ **~を通して** : ~를 통해

　예) 事故のことについては、警察を通して連絡が来ます。

問題8

45 정답 2

魚屋 ₃で ₁売っている ₂サンマやアジ ₄といった魚は今では日本の近海では獲れない。

46 정답 1

彼は小さい時 ₂から ₃バイオリンを ₁習っている ₄だけあってクラシック音楽には詳しい。

47 정답 1

周りに人 ₂が ₄いる ₁のも ₃かまわず大声で泣き出した。

48 정답 4

目上の人 ₂に対して ₁こんな言い方 ₄は ₃失礼かもしれませんが、おきれいですね。

49 정답 3

子供向けの本だと思っていたけど、₂読んでみたら ₁大人が ₃読んでも ₄十分楽しめる本だった。

問題9

50 정답 2

버스 정류장의 경우 「二人の間隔は2m以上ある。また…」라고 되어 있으므로 전철 좌석의 경우도 '간격이 넓다'는 것을 나타내는 표현이 들어간다.

오답해설

1 たっぷりと、3 どっと、4 しみじみとは「座る」와 관련 없는 표현.

1 **たっぷり(と)** : 듬뿍, 많이
   예 砂糖をたっぷり(と)入れる／ユーモアたっぷりの人

3 **どっと** : 우르르, 왈칵, 한꺼번에
   예 どっと流れ出る水、人がどっと部屋に入ってくる

4 **しみじみ(と)** : 차근차근, 차분히, 절실히
   예 昔のことをしみじみ(と)語る

51 정답 3

「やはり気持ち悪く…」라고 되어 있으므로 '버스 정류장의 경우도 전철 좌석의 경우도 같다' 라는 것을 나타내는 표현이 들어간다.

52 정답 4

저자는 사람과 사람 사이의 거리에 대해 구체적인 숫자를 제시한 다음, 「しかし、文化によって(　　)距離は異なる」라고 기술하고 있다. 따라서 뒷문장에는 직전의 내용을 가리키는 말이 들어간다.

53 정답 4

「徐々に慣れていき」라고 되어 있으므로 마음의 변화를 나타내는 표현이 들어간다.

오답해설

1 食べようとしたら、止められた。
2 みんなでお祝いしようではないか。
3 バスもタクシーもないので、行きようがない。

54 정답 2

앞 단락의 '문화에 따라 친근하게 대화를 할 때의 거리를 두는 법이 다르다'라는 내용에 이어 그 배경으로 '문화에 따라 인사하는 법이 다르다' 는 것을 기술하고 있다.

오답해설

1 こんなところで彼に会うとは、なんと不思議なことだろう。
3 今の若い人にとって、手で洗濯するなんて考えられないことだろう。
4 親が亡くなったら、たとえ100歳でも悲しいことだろう。

독해

問題10 (短文)

(1) 「대두 가공품」

55 정답 **3**

접속표현에 주의해서 글의 흐름을 보자. 대두는 전통적 식품이다→「その一方で」 자급률이 줄고 있다→「そうした中でも」 새로운 대두 가공식품이 등장하고 있다→가공식품의 예.

오답해설

1→ 「必要がある」라고는 쓰여있지 않음.
2→ 두유가 마시기 쉽게 된 것은 「ここ数年」으로 발매 당시인 1980년대가 아님.
4→ 「大豆の自給率を上げるため」가 아님.

주요어휘

- 豊富(な) : 풍부
- 食卓 : 식탁
- 満たない : 부족하다
- 出現(する) : 출현
- 販売(する) : 판매
- 改良(する) : 개량

(2) 「첫인상의 중요함」

56 정답 **1**

첫 문장이 말하고 싶은 것의 중심. 그것에 대해 「なぜかというと(이유)」, 「たとえば(예)」로 이어짐.

오답해설

2→ 「よくないので、改めるべきだ」가 틀림.
3→ 「すべきではない」라고는 쓰여있지 않음.
4→ 「注意が必要だ」라고는 쓰여있지 않음.

주요어휘

- いったん : 일단
- 修正(する) : 수정
- 補強(する) : 보강
- 無意識に : 무의식적으로
- はるかに : (정도) 훨씬
- 容易に : 간단히
- 無視(する) : 무시
- 改める : 고치다, 개선하다
- 決めつける : 일방적으로 단정하다
- ~に欠ける : ~이 부족하다

(3) 「가을에 피는 벚꽃」

57 정답 **3**

「実は」부터 뒤에 주목. 여름(꽃의 싹을 만듦)→가을(휴면물질을 만듦→낙엽)→겨울(휴면)의 순서가 중요하다.

오답해설

1→ '이런 이유를 생각하는 사람이 있지만 실은 틀리다'라는 것을 기술하고 있음.
2→ 기온이 비슷할 때 개화하지만 그것이 원인은 아님.
4→ 문제가 되는 것은 「花の芽を作るため」가 아니라 '휴면을 부르는 물질이 만들어지는' 시기.

주요어휘

- 象徴(する) : 상징
- 気象 : 기상
- 異常気象 : 이상 기상, 이상 기후
- 温暖化 : 온난화
- 疑う : 의심하다, (나쁜 쪽으로) 혐의를 두다
- 休眠 : 휴면
- 耐える : 견디다
- 開花(する) : 개화

(4) 「인간은 평등한가」

58 정답 4

일반적인 의견을 소개하고 나서 그것을 부정하여 주장하는 패턴. 「人は国籍も…」부터 필자의 주장으로 「誰でも努力さえすれば成功できる」라는 생각을 부정하고 있다.

오답해설
1 → 일반적인 의견. 필자는 이것을 부정하고 있음.
2 → 노력의 중요함은 기술하고 있지 않음.
3 → 사람을 상처 주지 않는 것의 중요함은 기술하고 있지 않음.

주요어휘
☐ 限界 : 한계
☐ よほど : 상당히, 어지간히
☐ 安易に : 안이하게
☐ 傷つける : 상처를 주다

(5) 「도서관 메일」

59 정답 2

메일의 목적은 첫 부분에 있다. '예약 자료'가 '준비되었으니' '도서관에 들러 주세요'→예약 자료의 도착을 알려, 책을 가지러 오도록 전달하고 있다.

오답해설
1 → 보관 기간을 알려 주고 있을 뿐임.
3 → 취소될 경우 (보관 기간이 지난 경우)를 알려 주고 있을 뿐임.
4 → 이 정보도 있지만 (도서관 휴관의 이유) 메일의 목적은 아님.

주요어휘
☐ お越しください : 来てください의 존경어
☐ 期限 : 기한
☐ 機器 : 기기
☐ 入れ替え : 바꿈, 교체함, 갈아넣음
☐ 上記 : 상기
☐ 何卒 : 모쪼록
☐ ご了承ください : 양해 부탁드립니다

問題 11 (中文)

(1) 「힘이 나는 환자학」

60 정답 2

첫 번째 단락의 「面接の最中に…できるだろう」라는 글 속의 「本当に大事なポイントとか…その場でメモ」의 부분에서 알 수 있다.

오답해설
1 → 「詳しくメモをすることは…無理だ」라고 말하고 있음.
3 → 「ハイ、ハイ」하며 끄덕이는게 좋다고는 말하고 있지 않음.
4 → 「医者の話したように」가 아님.

61 정답 3

두 번째 단락의 「面接が終わったら、…メモを追加する」에서 알 수 있다.

오답해설
1 → 「家に帰ってから」가 아님.
2 → 계산을 기다리는 사이에 쓸 것을 권할 뿐임.
4 → 질문은 다음 면접 때 해야 한다고 하고 있음.

62 정답 1

바로 뒤의 글에 「気づかされること」의 내용이 서술되어 있다. 모르는 것이나 확인하지 않은 것이 있다는 것이다.

오답해설
2 → 메모를 이해 못하는 것이 아님.
3 → 불쾌감은 '치료 도중에 느낄 가능성이 있는' 것이지 '의사의 설명에 대해서'가 아님.
4 → 이것은 필자의 조언임.

해답·해설

주요어휘
- 最中(さいちゅう) : 한창
- キーワード : 키워드
- 肉声(にくせい) : 육성
- 思い返す(おもかえす) : 회상하다
- 不快感(ふかいかん) : 불쾌감

(2) 「일은 훔쳐서」

63 정답 2

「仕事を覚え始める人に→친절하게 기본을 가르쳐 준다」, 「少しは仕事ができる人にも→처음이라면 알기 쉽게 가르쳐 준다」라고 말하고 있다. 「その人」는 바로 앞의 「少しは仕事ができる人」를 가리킨다.

64 정답 1

「あなたは『そんなことはないのではないか』と思う」를 줄인 형태. 「そんな」의 뒤가 생략되어있을 때는 부정적인 기분을 나타내고 있는 경우가 많다.
예) そんな(ばかなことがあるか)!

65 정답 2

「仕事は盗んで覚えるものだ」라는 생각을 부정하고, 세 번째 단락에서 「いい仕事をする人」는 '가르치려고' 한다고 말하며, 「力がない人」와 비교하고 있다.

오답해설
1→ 이것은 「力がない人」의 생각.
3, 4→ 일을 시작하는 사람, 일하는 사람에 대한 의견은 쓰여있지 않음.

주요어휘
- 職人(しょくにん) : 장인
- ～に限(かぎ)って : ～에 한해서
- 光景(こうけい) : 광경

(3) 「스포츠의 규칙」

66 정답 1

「これ」는 바로 앞을 가리킨다. 「"スポーツは人間(にんげん)が楽(たの)しむためのもの"です」라고 되어 있다.

67 정답 1

마지막 단락에서 〈스포츠의 '규칙'은 「いい」「悪(わる)い」를 판단하는 것이 아니라는 점이 법률과 다르다〉라고 하고 있다. 즉, 「いい」「わるい」를 판단하는 것은 법률이다.

68 정답 3

세 번째 단락에 '규칙하에서 스포츠를 하는 것이 즐겁지 않다면, 스포츠를 하지 않으면 된다' 라는 주장이 쓰여있다.

오답해설
1→ 「ルールのもとで」 하는 것으로, 「ルールに関(かん)係(けい)なく」가 잘못됨.
2→ 스포츠의 가치에 대해서는 말하고 있지 않음.
4→ 「頑張(がんば)りすぎない」 할 것을 권하는 것이 아니라, 스포츠를 하지 말 것을 권하고 있음.

주요어휘
- 価値(かち) : 가치
- 強制(きょうせい)(する) : 강제
- 基準(きじゅん) : 기준

問題12（統合理解）

「첫 일출(해돋이)」

69 정답 3

A는 '1월 1일에 좋은 아침을 맞이하면 새로운 일년이 좋은 해가 된다'는 「考え方がもとになって…」라고 하고 있어, 이것이 이유라고 생각한다. B는 「初日の出が注目されるようになったのは、…と考えられたため」가 이유.

오답해설

1 → B에 해당하는 기술 없음.

2 → A, B 둘 다 해당하는 기술 없음.

4 → A에 해당하는 기술 없음.

70 정답 2

A, B 둘 다 맨 마지막 문장이 필자의 의견이다. A는「若者が日本の伝統に目を向けるきっかけとなる」라며 긍정적, B는「"展望台ビジネス"に少々踊らされている」라며 부정적.

주요어휘

- ☐ 穏やか(な)：온화함, 평온함
- ☐ 澄んだ：맑은
- ☐ 営む：운영하다
- ☐ 扱う：다루다
- ☐ 高層ビル：고층 빌딩
- ☐ 開放する：개방하다
- ☐ 儀式：의식
- ☐ 拝む：공손히(손모아) 절하다, (합장) 배례하다

問題13（主張理解）

「억양」

71 정답 3

（中略）앞까지의 첫 번째, 두 번째 단락의 정보를 파악한다.

오답해설

1, 2, 4 → 이 말투는「さして（＝そんなに）若くない女性にまでも広がっている」이기 때문에 틀림.

72 정답 2

세 번째 단락에「…という地域差が出た」그러나「きれいに説明しにくい分布を示す」「関西は少ない」「一方、テレビで関西の女性が使う…」라고 되어있다. 2의「…データがいろいろあって」가 이 상황에 해당한다.

오답해설

1, 3, 4 → 조사 지역이나 방법의 문제가 아님.

73 정답 3

네 번째 단락이 '이 말투를 들려준 결과', 다섯 번째 단락이 '녹화한 회화를 본 결과', 마지막 단락이 생각을 서술한 부분이다. '젊게 들린다', '강요하는 것 같다', '끼어드는 것을 용납하지 않는다' 등의 효과를 지적하고 있다.

오답해설

1, 2 → 조사 결과의 보고일 뿐, 주장이나 예상은 하고 있지 않음.

4 → 조사는 이미 했으며, 조사 내용도 다름.

주요어휘

- ☐ さして：그다지, 그렇게
- ☐ 確定(する)：확정
- ☐ 実地調査：토지조사
- ☐ 意識(する)：의식
- ☐ 耳にする：듣다

- ☐ **地域差**(ちいきさ) : 지역차
- ☐ **普及**(ふきゅう)(する) : 보급
- ☐ **分布**(ぶんぷ) : 분포
- ☐ **口調**(くちょう) : 말투
- ☐ **うなずく** : (고개를) 끄덕이다
- ☐ **あいづちを打**(う)**つ** : 맞장구 치다
- ☐ **有効**(ゆうこう)(な) : 유효
- ☐ **好意的**(こういてき)(な) : 호의적

- ☐ **～限定**(げんてい) : ～한정
- ☐ **割引**(わりびき)(する) : 할인
- ☐ **禁煙**(きんえん) : 금연

問題14(情報検索) (もんだい / じょうほうけんさく)

「호텔 숙박 안내」

74 정답 2

「宿泊(しゅくはく)プラン料金(りょうきん)」에 주목한다. 금연실을 혼자서 사용할 수 있는 플랜을 선택한다.

오답해설

1→ 금연실이 있는 것은 트윈룸뿐.

3→ 3명만 이용 가능.

4→ 트윈룸밖에 없음.

75 정답 3

「宿泊(しゅくはく)プラン料金(りょうきん)」에 주목한다. 계산을 하지 않아도 판단할 수 있다. 조식 포함 플랜은 조기할인으로, 〈5700엔×0.9×2명〉.

오답해설

1→ 6000엔(트윈 5000＋조식 1000)×2명＋어린이 조식 1000엔

2→ 트윈 할인 6000엔×0.9×2명

4→ 여성 한정이기 때문에 부부는 묵을 수 없음.

주요어휘

- ☐ **宿泊**(しゅくはく)(する) : 숙박
- ☐ **様々**(さまざま)(な) : 여러 가지
- ☐ **豊富**(ほうふ)(な) : 풍부

청해

問題1

例 정답 3

会社で女の人と男の人が話しています。男の人はこれから何をしますか。

F：佐藤君、悪いんだけど、明日の会議の準備、ちょっと手伝ってもらえない？ 社長にほかのこと頼まれちゃって。
M：うん、いいよ。何すればいい？
F：この資料、20部ずつコピーして、セットしといてほしいんだけど。あ、でも、中身、ちょっと見てもらってからがいいかな。一応、ざっとは見直したんだけど。
M：わかった。…あれ？ これ、価格が違うよ。
F：えっ、うそ！ 違ってた？
M：うん、これ。25000円じゃなくて、28000円。…ってことは、この売上のグラフも違ってくるね。
F：ごめん、ざっとチェックはしたんだけど…。
M：まあ、とりあえず、もう一回一通り見てみるよ。ファイル、メールで送っといて。後で直しとくから。
F：ごめんね。すぐに送る。

男の人はこれから何をしますか。

> **주요어휘**
> □ 〜ってことは…：〜라는 것은
> □ とりあえず：우선
> □ 一通り：대충, 한차례

1番 정답 2

会社で女の上司と男の部下が話しています。部下は、この次に何をしますか。

M：新商品のポスターの案なんですが、サンプルが届きました。
F：どう？ 写真は例のを使ったんだよね。
M：はい。でも、それがなんかちょっと…。これなんですが。
F：あれ。なんだか全体に暗いね。周りの色とのバランスかなあ。
M：そうだと思います。だから、明るくしたかったら写真を変えないとだめかもしれません。
F：そうだねえ。商品名なんかは色も大きさもこんな感じでいいもんね。写真、選び直そうか。
M：はい。で、会社名はもっと大きくしたほうがよくないですか。
F：いいよ。商品名が目立つほうが大事だから。
M：わかりました。

部下は、この次に何をしますか。

> **주요어휘**
> □ 例の：예의, 일전의
> □ それが：그것이
> □ ちょっと…：좀…
> □ いいよ：필요 없다, 괜찮다

2番 정답 3

学校の事務室で、女の学生が奨学金の申し込みの手続きをしています。学生は次に何をしますか。

F：あの、奨学金の申込書、書いてきたんですが、これでいいでしょうか。
M：はい。ええっと、ちょっと拝見しますね…。ああ、必要事項はありますね。
F：このハンコを押すところ、署名でもいいんですよね。
M：ええ、それはどちらでも。…あ、申込書の写真、裏に名前を書いてありますか。

F：え？写真はそこに貼ってありますが。
M：ええ。でも、ほかの書類と束ねたとき、はずれちゃうことがあるんです。そうすると誰の写真かわからなくなっちゃうので、裏に名前を書くようにって、説明会の時にお願いしたんですけど…。あれ？説明会には出なかったんですか。
F：あ、そういえば！あの、なんとかはずして、書きます。そっとやったら、きれいに取れるかな…。ちょっとやり直してきますね。
M：はい。

学生は次に何をしますか。

주요어휘

□ **そういえば**：그러고 보니

□ **なんとか**：어떻게든

□ **そっと…かな**：「丁寧にはずせば、きれいに取ることができるだろうか」라는 의미

3番　정답 3

地域のボランティア活動について、説明をしています。初めて参加する人は、まず何をしますか。

F：皆さま、本日は市民公園の清掃ボランティアにお集まりくださいましてありがとうございます。えー、まず、今日が初めてっていう方は、ここに残ってください。ちょっと説明しますから。で、前回、参加してくださってる方は、やり方はご存知だと思いますので、どうぞ作業を開始してください。ご自分の掃除道具をお持ちでない方は、あちらの道具置き場で配っておりますので、それから、記念品がありますので、途中でお帰りになる場合でも、受付でもらっていってください。

初めて参加する人は、まず何をしますか。

주요어휘

□ **ここに残って**：여기에 남아

□ **お持ちでない**：「持っていない」의 정중형

4番　정답 1

レストランで男の店員が女の店長と話しています。男の店員はこのあと、どのように店に来ますか。

F：山田君、今、朝10時から入ってもらってるけど、来月から9時に入ってもらえないかな。
M：いいですよ。1時間早くなるだけなら。
F：助かる。やめる人がいるもんだから。あ、来月って言っても、もう明後日だけどね。
M：え？あ、そうか。もう、月末か。じゃ、明後日からですね。
F：もし、いやじゃなかったら、明日からでもいいけど。
M：はあ…。
F：あ、でも、明日はまだ人手が足りてるからいいわ。
M：わかりました。

男の店員はこのあと、どのように店に来ますか。

주요어휘

□ **〜もんだから**：〜니까

□ **〜って言っても**：〜라고 해도

□ **人手が足りて(い)る**：일손이 충분하다

5番　정답 2

夫婦が話しています。夫は妻の誕生日に何をしますか。

M：今度の日曜、誕生日でしょ。
F：誰の？（思い出して）あ、私の誕生日か！
M：そう。何かおいしいもの食べに行こうよ。寿司とかどう？
F：寿司？ああ、こないだ友達と行ったばかりなんだ。
M：そうか、じゃあ…。
F：（思い出して）そういえば、うちのマンションの向かいにフランス料理の店ができたね。
M：そうだね。そうか、あそこ、行ってみようか。

F：高そうだったけど？
M：誕生日だから！
F：うん。あ、実は私ね、心のこもった手作りの料理、なんていうのもいいんだけど…。
M：え？ うーん、まあ、それは来年までの宿題ってことで。

夫は妻の誕生日に何をしますか。

주요어휘

☐ 〜でしょ：〜지?

☐ こないだ：일전에

☐ そういえば：그러고 보니

☐ 高そうだったけど？：비싼 것 같았는데?(〜한데 괜찮은지 확인)

☐ 心のこもった：정성이 담긴

問題2

例　정답3

会社で、男の人と女の人が話しています。お店を決めた理由は何ですか。

M：田中さん、歓迎会のお店、決まった？
F：あ…はい、駅の反対側の「よこづな」っていう和食のお店になりました。
M：え？ イタリアンのお店じゃないの？ おすすめだって言ってたじゃない。
F：ええ。今回は…。
M：そうか…ちょっと残念だな。田中さんのお気に入りだから、期待してたんだけど。なに？ ちょっと高かった？
F：いえ、高くはないです。むしろ安い方だと。ただ…。
M：ただ…？
F：部長がすごくいいお店だって言うから…。おいしくて、サービスがいいって。
M：ああ、そういうことね。じゃ、しょうがないね。そのイタリアンのお店はこの次、行こうよ。

F：そうですね。

お店を決めた理由は何ですか。

주요어휘

☐ ただ…：다만, 단지

1番　정답2

男の人と女の人が話しています。女の人は何のために写真を撮っていると言っていますか。

M：あれ。ケータイでお菓子の袋なんか写真に撮って、どうしたの？
F：うん。これ、おいしかったから、忘れないようにね。
M：へえ、日記にでも使うの？
F：日記なんてつけてないよ。そうじゃなくて、また食べたいってとき、写真があると探しやすいでしょ。
M：それなら、なにも写真なんかとらなくても、名前、覚えておけばいいじゃない。
F：だって、こういうお菓子の名前って、みんな似たようなものだし、覚えておくの、無理よ。それに、パッケージの色とか形を見たほうが、あのとき食べたあれ、ってすぐ思い出せるでしょ。

女の人は何のために写真を撮っていると言っていますか。

주요어휘

☐ なにも〜なくても（いい）：〜할 필요 없다

2番　정답3

男の人と女の人が話しています。男の人はどうして遅刻したと言っていますか。

F：遅かったじゃない。約束の時間、間違えた？
M：あ、ごめん。いつもと違う道を通って来たから。あ、はい、これ途中で買って来たケーキ。

F：え？　ありがと。あれ？　でも、このケーキ屋さん、ここへ来る途中じゃないけど。すごく遠回りした？
M：だからさ、ほら、いつもの道で、道路工事してるじゃない。それで、別の道で来たんだって。
F：それにしても、この店、駅からここへ来る方向と全然違うと思うけど…。
M：だからさあ、工事で景色が変わって、なんか方向がわかんなくなっちゃったんだよ。
F：…ああ、それで遅かったのか。素直にそう言えばいいのに。

男の人はどうして遅刻したと言っていますか。

주요어휘

- □ **遠回り(する)**：멀리 돌아감
- □ **それにしても**：그건 그렇고

3番　정답 4

男の学生と女の学生が大学で話しています。どこにパン屋ができましたか。

M：鈴木さん、駅前に「ルーブル」ができたね。ほら、フランスの有名なパン屋。今日が開店らしくて、たくさん並んでたよ。
F：えっ、あの「ルーブル」？　どこ？　駅前って。
M：やまと銀行の並び。
F：ああ、南口ね。コンビニの隣？　工事してたよね。
M：いや。そっちじゃなくて、反対側の、前に雑貨屋があったところ。
F：雑貨屋？　そんなのあったっけ？
M：鈴木さんは、南口の方はあんまり行かない？
F：うん、いつも北口から帰ってるから。でも、今日、帰りに寄って行こう。「ルーブル」のパン、食べてみたかったんだ。今まで銀座のデパートにしかなかったんだよね。
M：そうなんだ。じゃ、僕も買ってみようかな。授業が終わったら、鈴木さんはすぐ帰る？
F：うん。じゃあ、一緒に行ってみる。

どこにパン屋ができましたか。

4番　정답 1

食品メーカーの女の人が、消費者の男の人に話を聞いています。男の人はラーメンのどの点が気に入ったと言っていますか。

F：試食してくださってありがとうございました。「健康を考えたインスタントラーメン」、召し上がったご感想はいかがでしょうか。
M：うーん。まあ、いいんじゃないかな。食べやすかったよ。
F：あ、ありがとうございます。スープの味は、いかがでしょうか。
M：思ったより濃いね。健康を考えた、っていう名前だから、もっと味を薄くしてあると思ったけど。
F：あ、はい。塩分は従来のものよりずっと少ないんです。でも、舌で感じる味はうすくならないように工夫してあるものですから。
M：へえ。すごいね。塩分の取り過ぎを気にせずたくさん食べられるってわけか。ま、僕はまだ塩分はあんまり気にしなくていいんだけど、濃いのを気にせず食べられるのはいいよね。あとは、麺が細い方が好きなんだけど…。
F：ああ、そうですか。すみません。
M：でも、これも好みだよね。太いのがいいって人もいるし。

男の人はラーメンのどの点が気に入ったと言っていますか。

주요어휘

- □ **〜ものですから**：〜니까
- □ **〜ってわけか**：〜라는 건가

5番　정답 4

レポーターの女の人が、男の人にインタビューしています。男の人はどうして運動をしていると言っていますか。

F：こちらの公園では年配の方が大勢ジョギングをしていらっしゃいます。えー、なんと、こちらの方は80歳におなりだそうです。とっても

お元気そうなんですが、やはり、若さと健康を保つためには、運動が不可欠 <u>というわけで</u>しょうか。

M：うーん。まあ、健康法っていうか、私はねえ、自分の限界を確かめるために走ってるんです。限界<u>って言っても</u>、若い方みたいに速さを追求したりするんじゃないんですよ。どれだけ走ればどれだけ疲れるか、っていうかね。いやまあ、自分の心臓がどれくらいもつか、それを自分で確かめたいんですよ。心臓を鍛えたいとか、足腰を鍛えたいとかいうんだったら、ほかのことやったほうがいいしね。

F：そうなんですか。ありがとうございました。

男の人はどうして運動をしていると言っていますか。

주요어휘

□ ～というわけでしょう：～라는 거지요?

□ ～って/～と言っても：～라고 해도

6番 정답 3

ラジオで、歌手が話しています。歌手は、歌うことの目的は何だと言っていますか。

F：私、歌に強いメッセージがあるって、よく言われるんです。ま、結果としてそうなるのかな。<u>私としては</u>、聞く人の心を動かしたいなって思ってるんです。あ、感動って意味じゃなくてね…。なんて言えばいいんだろう、何かの気持ちになってほしいってのかな。大人になっちゃうと、わあっと感情を出すことって、少ないでしょ。だから、私の歌を聞いたらすごく悲しくなって、思いっきり泣いちゃった、なんて話を聞くとうれしいんです。

歌手は、歌うことの目的は何だと言っていますか。

주요어휘

□ ～としては：～로서는

問題3

例 정답 2

テレビで女の人が話しています。

F：最近は、市民マラソンがあちこちで開かれるようになりましたね。私の町でも、3年前から開催されています。元々ジョギングを楽しむ人は多かったんですが、マラソン大会が開かれるようになって、走る人が年々増えているように思います。まあ、健康的で、いいことだとは思うんですが、中には<u>遊歩道</u>をスピードを出して走る人もいて、<u>いきなり</u>後ろから追い越されて、びっくりすることがあります。ゆっくり歩いてるお年寄りや、小さい子どもを追い越すのを見るたびに、<u>ひやひやします</u>。

女の人は何について話していますか。
1　前の人の追い越し方
2　走っている人のマナー
3　マラソン大会で驚いたこと
4　市民マラソンのおもしろさ

주요어휘

□ 遊歩道：산책로

□ いきなり：갑자기

□ ひやひやする：조마조마하다

1番 정답 4

テレビで専門家が話しています。

M：ケータイ電話は便利ですが、使い方によってはとても危険です。ゲームでお金を使いすぎたり、情報が盗まれたり、そういう危険もありますが、もっと身近な危険もあります。えー、車の運転中にケータイで話すことは法律で禁止されていますよね。なぜかというと、会話に気をとられて注意が足りなくなるからです。で、法律はありませんが、歩きなが

ケータイでしゃべるのも、実は危ないんです。特に駅なんかの人の多いところでは、注意が必要です。歩くのが遅くなって、人の邪魔になったり、人にぶつかったりしますからね。

ケータイ電話について、どんなことを言っていますか。
1　電話で話す人の邪魔をしないほうがいい
2　新しい使い方の法律を作ったほうがいい
3　盗まれないように気をつけたほうがいい
4　歩きながら電話で話さないほうがいい

주요어휘
□ 気をとられる：신경을 빼앗기다

2番　정답 1

男の学生と女の学生が食堂で話しています。
F：何食べようかな。
M：ぼくは、これ。スペシャルランチ。
F：おいしそうだけど、ちょっと野菜が少ないんじゃない？
M：ほら、そこ見てよ。このハンバーグ、豆腐使ってるんだよ。だからカロリーもそんなに高くない。
F：なるほどね。でも、カロリーは別にいいの。野菜とか豆とか、いろいろ食べたいのよ。偏りがないように。
M：じゃあ、これ付ければ？
F：へえ、プラス100円でこの「季節のサラダ」が付くんだ。いいな、これ。
M：よし、決まり。

女の学生は何を気にしていますか。
1　栄養のバランス
2　野菜の量
3　カロリーの高さ
4　サラダの値段

주요어휘
□ ～は別にいい：～는 특별히 상관없다
□ ～が付く：～가 붙다, 따라오다

3番　정답 2

市民講座で講師が話しています。

F：皆さん、食べ物を保存するとき、何でも冷蔵庫に詰め込んでいませんか。食品によっては、冷蔵庫に入れないほうがいいものもあるんですよ。例えば、イモ類です。サツマイモは普通の室内の温度のほうが持ちますし、ジャガイモも、冷蔵庫に入れると水分が抜けてしまいます。ほかに、冷やすと甘みがなくなる種類もあります。おいしく食べるには、それぞれ方法があります。今日はそのお話です。

講師は何について話しますか。
1　冷蔵庫の使い方
2　食べ物の保存方法
3　野菜の料理の仕方
4　イモの種類の分け方

4番　정답 3

女の人が町で道を聞いています。

F：すみません。地図を見ると、この辺りに郵便局があるはずなんですけど、ご存知ないですか。
M：ああ、ありますよ。そこのデパートの7階です。
F：え？デパートの中なんですか。それで見つからなかったんですね。ありがとうござ…。
M：ああ、デパート、今日は定休日ですよ。
F：あ、ほんとだ。うーん、ここまで来たのに…。
M：市民公園のほうにも一つありますけれどねえ。
F：市民公園ですか。ここからどれくらいでしょう。
M：うーん、歩いて10分ぐらいですかねえ。切手ならそこの食料品店でも扱ってますけどねえ。
F：食料品店で？　あ、そこで間に合います。ありがとうございます。助かりました。

女の人は何をしたいと思っていますか。
1 デパートに行きたい
2 公園に行きたい
3 切手を買いたい
4 食べ物を買いたい

주요어휘

□ 扱う : 취급하다

□ 間に合う : (시간에) 맞추다

□ 助かる : 도움 받아 살아나다, 도움이 되다

5番　정답 1

会社で同僚が話しています。

M：あれ？ 課長、外出中？ ああ、例のトラブルのことで、お客さんのとこに行ったのか…。
F：そう。謝りに行くって、出かけたよ。
M：だけど、あの問題って、お客さんの側にもチェックがもれたりして悪いところがあったのに、こっちがわざわざ謝りに行くほどのことかなあ。
F：でも、うちがミスしたのは確かだからね。電話だけじゃよくないって思ったんじゃない？
M：ま、課長は謝るのはタダだからってよく言ってるしね。
F：うん。でも、あんまり簡単に謝るのも、かえって信用がなくなるんじゃないかと思うこともあるけどね。…あ、今回のことは別だよ。ミスはミスだから、誠実に対処しなきゃ。ただ、課長の考え方は、ちょっと疑問を感じるな。

女の人は、今回の課長の行動についてどう思っていますか。
1 課長が謝りに行くのは当然だ。
2 課長は謝らず、客に謝らせるべきだ。
3 課長は電話で謝るだけでいい。
4 課長も客も謝らなくていい。

주요어휘

□ 例の : 예의, 일전의

□ わざわざ : 일부러

□ かえって : 오히려

□ ミスはミスだ : '실수한 것은 사실이니, 인정해야만 한다'라는 기분을 나타냄

△ 誠実(な) : 성실

△ 対処(する) : 대처

問題 4

例　정답 2

F：かたづけ、私の方でしておきましょうか。
M：1 わかった。そうしておくよ。
　　2 そう？ 助かる。
　　3 いや、そんなことはないと思うよ。

1番　정답 1

F：いやあ、高校卒業以来じゃない？
M：1 そうだね。もう何年ぶりになるだろうね。
　　2 ほんと、昨日の卒業式、よかったよね。
　　3 へえ、いよいよ卒業か。おめでとう。

주요어휘

□ 卒業以来じゃない？ : '졸업하고 처음'인 것을 나타냄.

□ 何年ぶりになるだろう : 몇 년만인지

2番　정답 1

M：なかなかうまくいかないもんだ。
F：1 まあ、そうがっかりしないで。
　　2 そう…。行かないことにしたの。
　　3 そうか。うまくいってよかった。

주요어휘

□ うまくいかない : 잘 되지 않는다

□ ～もんだ : ～인 것이다

□ そう～ないで : 그렇게 너무 ～하지 마

3番　정답 2

F：時間まで、少なくとも10分はあるよ。
M：1　そうだよね。10分じゃ少ないよね。
　　2　よかった、10分あれば間に合うね。
　　3　あんなに急いだのに、10分遅刻かあ。

주요어휘
□ 少なくとも〜は：적어도 〜는

4番　정답 2

F：どうかお気を悪くなさらずに。
M：1　あ、薬、持ってきてますんで。
　　2　ああ、全然気にしてませんから。
　　3　ええ、晴れるといいんですけどね。

주요어휘
□ 気を悪くなさらずに：마음 상하지 마시고

5番　정답 2

F：この先のこと、よく考えないと。
M：1　そう言わずに、考えたほうがいいよ。
　　2　うん。これからどうするか、だよね。
　　3　前のことなんか、もう忘れちゃったよ。

주요어휘
□ この先：이후
□ そう言わずに：그렇게 말하지 말고

6番　정답 3

F：お差し支えなければ、お電話番号をお願いします。
M：1　じゃあ、遠慮なく。
　　2　使えるから大丈夫です。
　　3　ケータイでいいですか。

주요어휘
□ お差し支えなければ：지장이 없으면, 별일 없으면, 실례가 되지 않으면

7番　정답 3

F：申し訳ございませんが、お車でのお越しはご遠慮願います。
M：1　わかりました、車で参りましょう。
　　2　じゃあ、来たら、知らせてください。
　　3　じゃあ、バスで行けばいいんでしょうか。

주요어휘
□ お越し：「来ること」의 정중형
□ ご遠慮願います：「しないでほしい」의 정중형

8番　정답 1

F：なんとかお引き受けいただけないでしょうか。
M：1　そんなに頼まれちゃ、かなわないなあ。
　　2　これを差し上げるわけにはいかないんですよ。
　　3　ええ、なんか、そうかもしれませんよねえ。

주요어휘
□ なんとか：어떻게든
□ かなわない：당해낼 수 없다

9番　정답 3

F：これ、全部、運び出しちゃって。
M：1　箱に入れないでね。
　　2　手伝わなくていいの？
　　3　え、ほんとにこれ全部？

주요어휘
□ 〜ちゃって：〜해 버려서

10番　정답 1

M : ま、いいから、上がってよ。
F : 1　じゃ、お邪魔します。
　　 2　ちょうどいい上がり方だね。
　　 3　上がらなくていいんだ。

주요어휘
- 上がる : 들어가다
- お邪魔します : (방문할 때) 실례하겠습니다

11番　정답 1

M : 雨が降ってまいりましたね。
F : 1　天気予報がはずれましたね。
　　 2　ええ、今やんだばかりなんですよ。
　　 3　へえ、お参りにおいでですか。

주요어휘
- ～てまいりました : 「～てきた」의 정중형
- おいで : 「行って、来て」의 정중형

問題 5

1番　정답 3

夫婦が話しています。

M : ただいま。あれ。この部屋、なんかアルコールの匂いがする。お酒でも飲んだの？
F : まさか、昼間っから。化粧品の匂いじゃない？　さっき使ったから。
M : なんかそういうのじゃないような気がするんだけどな。そうだ、今日、お見舞いで病院行くって言ってなかった？
F : 行ったよ。
M : じゃあ、病院の匂いとかだったりして。ほら、消毒で使うじゃない。
F : 入院してるおばさんのお見舞いに行ったぐらいで、病院くさくなるわけないじゃない。
M : うーん。たしかに消毒って感じの匂いじゃないか。なんか甘いって感じだもんな。
F : 甘い？　甘いものといえば…おばさんにチョコレートもらったけど、それかな。
M : そのチョコレート、もしかしたらお酒が入ってるんじゃない？
F : えー？　だって、そうだったとしても、部屋中、におうかなあ。ちょっと待って。‥いや、違う。お酒入ってない。やっぱり化粧品だよ。
M : そうかあ。でも、前からそんな匂いだったっけ。もしかして、化粧品、変えた？
F : あ、そうそう。でも、そんなにアルコールくさいとは自分では気づかなかったな。
M : けっこうにおうよ。まあ、でも、僕は鼻がいいからね。

部屋の中でアルコールの匂いがするのはどうしてですか。
1　お酒を飲んだから
2　病院に行ったから
3　化粧品を使ったから
4　お酒入りのチョコレートがあるから

주요어휘
- まさか : 설마
- 消毒(する) : 소독
- ～もん : ～다
- ～といえば : ～라고 하면
- ～っけ : ～였나？

2番　정답 2

大学生が、先輩二人と話しています。

F1 : あ、先輩。ちょっと英語の授業のことで教えてほしいんですけど。
F2 : うん。いいよ。
M : あ、俺、英語、苦手だから、ちょっと…。
F1 : いえ、むしろ苦手な人にこそお聞きしたいんですけど。

M : え？どんなこと？
F1：私もあんまり、英語、得意じゃないんです。必修の基礎英語もあんまりいい成績じゃなかったんですよ。だから、そんな私でも興味を持って勉強できる授業、ないかなって思って。
M ：うーん、楽な授業なら知ってるけどなあ。英語コミュニケーションって科目なんだけど。
F1：面白いですか。
M ：いやあ、俺は退屈だったけど、課題が少なくて楽だった。
F1：退屈なんですかあ。
F2：退屈かどうかは、人によるんじゃない？面白かったって言ってた人もいたよ。
F1：先輩はなんかおすすめ、ないですか。
F2：上級英語文法かな。
F1：上級？文法？む、無理です、そんなの。難しいんでしょう？
F2：だから、面白いんだけどなあ。あ、スピーチ英語って、面白いって聞いたよ。
M ：あ、俺もそれ、聞いた。だけど、あれ、毎週発表があるらしいんだよ。それってきつくない？
F2：それは私も聞いたけど、発表は短いスピーチだっていうよ。それに、先生が面白いんだって。私も今度とろうかと思ってるんだ。
F1：え？じゃあ、私も一緒にとろうかな。
F2：うん。でも、授業があるの、来学期だよ。今学期はないんだ。
F1：そうなんですか。じゃあ、今学期は、とりあえず楽なのを取っとこうかな。面白いかもしれないし。

後輩の学生は、どの授業を取ることにしましたか。
 1 基礎英語
 2 英語コミュニケーション
 3 上級英語文法
 4 スピーチ英語

주요어휘

□ ちょっと…：좀…

□ ～こそ：～야말로

3番 질문1: 정답 3　질문2: 정답 2

ラジオでパソコンのソフトの紹介をしています。

M1：皆さん、スケジュール管理はどうなさってますか。カレンダーに印を付ける？手帳に書き込む？でも、見るのを忘れたりしませんか。毎回同じようなことを書くのがめんどくさくありませんか。さあ、あなたのパソコンにこのソフトをインストールすれば、すべて解決します。例えば、友達の誕生日を入力しておけば、タイミングよく思い出させてくれます。月曜日は「燃えるゴミの日」、火曜日は「ペットボトルを捨てる日」と、一度入力しておけば、毎週、パソコンが教えてくれるようになるんです。面倒な用事も、もう、あなた自身が覚えておく必要はありません！
M2：おおっ、いいじゃん、これ。俺、ペットボトルとかのゴミ、いつも、出すの忘れるんだよね。
F ：そんなこと、わざわざパソコンに管理してもらわなくても。カレンダーにでも書いとけば済むことじゃない。
M2：いやいや、それこそ、パソコンなら、一回入力しておけば済むんだよ。あとは、自動的に教えてくれるようになるから、忘れない！
F ：でも私、パソコンに教えられるのはやだなあ。自分で管理したい。手で書くと、書くことで覚えることができるし。
M2：覚えなくて済むようにパソコンを使うんだけど…。
F ：私は覚えておきたいの！その時考えたこととか、感じたこととかも書いておけるもん。
M2：そういえば、いっつも大きな手帳、持ってるよね。まあ、そういう人も、いるんだな。

質問1：男の人は、スケジュールを管理するには、どの方法がいいと考えていますか。
質問2：女の人は、スケジュールを管理するには、どの方法がいいと考えていますか。

모의고사 제3회

주요어휘

- **わざわざ〜なくても（いい）**：일부러 〜하지 않아도 (된다)
- **〜ば済む**：〜만 하면 된다
- **それこそ**：그거야말로
- **〜なくて済む**：〜할 필요가 없다
- **〜の**：〜이다
- **〜もん**：〜거든
- **そういえば**：그러고 보니

원포인트 정리 보통체와 정중체

청해 문제에서는 같은 의미라도 회화 속에 다양한 표현이 나옵니다. 친구나 가족과 말할 때와, 손윗사람과 말할 때의 차이를 확인해 둡시다.

- これ、一つ食べませんか。

| これ、一つ食べない？ | これ、(お)一つ召し上がりませんか。 |

- これ、一つどうですか。

| これ、一つどう？ | これ、(お)一ついかがですか。 |

- 一緒に行きませんか。

| 一緒に行かない？ | ご一緒に行かれませんか。 |

- うちに来ませんか。

| うちに来ない？ | うちにいらっしゃいませんか。 |

- 森さんが来たみたいです。

| 森さんが来たみたい。 | 森さんがいらっしゃったみたいです。
森さんがお見えになったみたいです。 |

- 今、どこにいるんですか。

| 今、どこ(にいるの)？ | 今、どちらにいらっしゃいますか。 |

- その服、似合っていますよ。

| その服、似合ってるよ。 | その服、お似合いですよ。 |

- 疲れているのではないですか。

| 疲れてるんじゃない(の)？ | お疲れではないですか。 |

- これではわかりません。

| これじゃ、わかんない。 | これではちょっとわかりません。 |

- 知っていましたか。

| 知ってた？ | ご存知でしたか。 |

- これを持ってくれませんか。

| これ、持ってくれない？ | これを持って(お持ち)いただけませんか。 |

- 見たことがありますか。

| 見たことある？ | ご覧になったことがありますか。 |

- 何を注文しましたか。

| 何、注文した？ | 何をご注文されましたか。 |

☑ 시험에 나오는 중요 어구・문형 리스트

모의시험 채점표

배점은 이 모의시험에서 설정한 것입니다. 실제 시험에는 공표되어있지 않지만, 각 과목의 합계득점이 표시되어 있어(60점) 그것을 바탕으로 하였습니다. 「기준점＊ 목표」와 「합격점 목표」도 각각 실제 점수(19점, 90점)를 참고로 설정하였습니다.

★ 합격 가능성을 높이기 위해 90점 이상을 목표로 합시다.
★ 기준점에 도달하지 못한 과목이 있으면 중점적으로 복습합시다.

📋 언어지식 (문자・어휘・문법)

문항	배점	만점	제1회		제2회		제3회	
			정답 수	득점	정답 수	득점	정답 수	득점
問題1	1点×5問	5						
問題2	1点×5問	5						
問題3	1点×5問	5						
問題4	1点×7問	7						
問題5	1点×5問	5						
問題6	2点×5問	10						
問題7	1点×12問	12						
問題8	1点×5問	5						
問題9	1点×5問	5						
합계		59						
(기준점 목표)				(19)		(19)		(19)

＊ 기준점 : 득점이 이 점수에 도달하지 못할 경우, 총 득점에 관계 없이 불합격 된다.

📖 독해

문항	배점	만점	제1회 정답 수	제1회 득점	제2회 정답 수	제2회 득점	제3회 정답 수	제3회 득점
問題10	2点×5問	10						
問題11	2点×9問	18						
問題12	4点×2問	8						
問題13	4点×3問	12						
問題14	4点×2問	8						
합계		56						
(기준점 목표)				(18)		(18)		(18)

💬 청해

문항	배점	만점	제1회 정답 수	제1회 득점	제2회 정답 수	제2회 득점	제3회 정답 수	제3회 득점
問題1	2点×5問	10						
問題2	2点×6問	12						
問題3	2点×5問	10						
問題4	1点×11問	11						
問題5	3点×4問	12						
합계		55						
(기준점 목표)				(18)		(18)		(18)

	제1회	제2회	제3회
종합 득점	/170	/170	/170
(합격점 목표)	(90)	(90)	(90)

합격을 위한 직전 체크

시험에 나오는 중요 어구·문형 리스트

- ☑ **문자** 훈독에 주의해야 할 한자
- ☑ **어휘** 의미가 비슷한 어휘
- ☑ **문법** 문말표현·부정표현 외
  확실히 알아 두어야 할 빈출문형 98
- ☑ **독해** 독해 문제에 나오는 키워드
- ☑ **청해** 청해 문제에 나오는 키워드

문자 훈독에 주의해야 할 한자

□ 覚	おぼーえる さーます さーめる	漢字を覚える 目を覚ます 目が覚める
□ 極	きわーめる	極めて悪い成績
□ 詰	つーめる つーまる	荷物を詰める 食べ物がのどに詰まる
□ 鳴	なーく なーる	虫が鳴く 鈴が鳴る、雷が鳴る
□ 閉	しめる とじる	戸を閉める 本を閉じる
□ 囲	かこーむ	海に囲まれる
□ 満	みーちる みーたす	潮が満ちる コップに水を満たす
□ 表	あらわす おもて	気持ちを表す 表と裏、両方に書く
□ 敗	やぶれる	2対1で敗れる
□ 絞	しぼーる	タオルを絞る
□ 定	さだーめる さだーまる さだーか	法律を定める 計画が定まる 彼が今どこにいるかは定かではない。
□ 増	まーす ふーえる ふーやす	食欲が増す 人口が増える 貯蓄を増やす
□ 越	こーす こーえる	冬を越す 山を越える
□ 沸	わーく わーかす	お湯が沸く お湯を沸かす
□ 荒	あらーい あーれる あーらす	言葉が荒い 荒れた天気 泥棒が部屋を荒らす
□ 懲	こーりる	失敗に懲りる 怒られても懲りない
□ 直	ただーちに なおーす なおーる	直ちに外へ出る 間違いを直す、姿勢を直す なかなか癖が直らない
□ 固	かたーめる かたーまる かたーい	セメントで固める ゼリーが固まる 固い約束、固いふた
□ 縮	ちぢーむ ちぢーまる	洗濯して服が縮む 1位との差が縮まる
□ 明	あかーるい あきーらか あーける	明るい声、明るい空 真実が明らかになる 夜が明ける
□ 凍	こおーる こごーえる	寒さで水道管が凍る 寒くて凍える

어휘: 의미가 비슷한 어휘

동사

- 会う ㉠3時に駅で会う。
- お目にかかる ㉠先生にお目にかかれてうれしいです。
- 出会う ㉠彼とはパーティーで出会いました。

- 上がる ㉠エレベーターで上に上がる。
- 上る ㉠階段で8階まで上った。
  ※「昇る」とも。

- 上がる ㉠どうぞ遠慮なく上がってください。
- 入る ㉠どうぞ遠慮なく入ってください。
★ 집 현관에서 방으로 들어갈 때, 마루가 조금 높아서 「上がる」라고 말한다. 의미는 「入る」와 같다. 단, 건물의 각 방에 들어갈 때나 회사 등의 방에 들어갈 때는 「上がる」라고 말하지 않는다.

- 諦める ㉠お金がないので、旅行は諦めた。
- 覚悟する ㉠批判されるのを覚悟して意見を言った。
- 捨てる ㉠留学する夢は捨てて、働くことにした。

- 飽きる ㉠いつも同じ店で食べていたら、飽きてきた。
- 退屈する ㉠出発まで退屈するので雑誌を買った。

- あきれる ㉠彼の勝手なやり方には、あきれてしまう。
- 驚く ㉠彼が会社をやめたことを知って、驚いた。

- 開ける ㉠カーテンを開ける。
- 開く ㉠教科書の35ページを開いてください。
★ 의미는 거의 비슷하지만 「ひらく」는 어떤 곳을 중심으로 여는 것을 말한다. 따라서 「カーテンを開ける」라고 말하지만 「カーテンをひらく」라고는 말하지 않는다.

- 与える ㉠小さい子供にお金を与えるのはいいことではない。
- あげる ㉠私のサラダ、少しあなたにあげましょう。
- 差し上げる ㉠旅行のお土産を先生に差し上げた。
- 支給する ㉠来週の月曜日にボーナスが支給される。
- 分ける ㉠家でとれたイチゴを近所に分けた。
- 譲る ㉠この車は弟に譲るつもりです。
★ 물건이 A에서 B로 이동하는 것을 나타내는 동사.

- 温める ㉠お風呂に入って体を温めた。
- 熱する ㉠フライパンを熱して、バターを入れてください。

시험에 나오는 중요 어구·문형 리스트

명사

- 当たり前 / 当然 / もっとも
  - 例 お礼なんていりません。**当たり前**のことをしただけです。
  - 例 そんなことを言ったら、怒られるのは**当然**です。
  - 例 そんなことを言われたら、怒るのも、**もっとも**です。

- あちこち / 各地 / 転々と
  - 例 出張で日本の**あちこち**を回った。
  - 例 お正月の全国**各地**の様子をテレビで見た。
  - 例 親の仕事の関係で、子供の頃は各地を**転々と**した。

- あらすじ / 要旨
  - 例〈ドラマ〉前回までの**あらすじ**
  - 例 論文の**要旨**を400字にまとめる。

- 案外 / 意外
  - 例 父は**案外**優しいところがある。
  - 例 彼が犬を飼っているなんて、**意外**だ。

- 暗記(する) / 記憶(する)
  - 例 単語を**暗記**する
  - 例 **記憶**に残るシーン／彼は**記憶**力がいい。

- 安心(する) / 安定(する)
  - 例 子供の熱が下がり、**安心**した。
  - 例 物価が**安定**する、**安定**した企業、生活が**安定**している

- 呑気(な) / 気楽(な)
  - 例 試験前なのに、弟は**呑気**にテレビを見ていた。
  - 例 そんなに悩まないで。もっと**気楽**に考えて。

형용사

- 厚かましい / 図々しい
  - 例 **厚かましい**お願いですが、私も連れて行ってくれませんか。
  - 例 新人なのにカラオケで最初に歌うなんて、**図々しい**やつだ。

★「厚かましい」와「ずうずうしい」는 의미가 매우 비슷하다.

- 危ない / 危うい / 怪しい / 異常(な)
  - 例 **危ない**場所には近づかないように。
  - 例 **危うい**ところを助かった。
  - 例 夜になると2階から**怪しい**音がする。
  - 例 パソコンにCDを入れると**異常**な音がする。

- 慌ただしい / 騒がしい / 忙しい
  - 例 彼は時間がないと言って、**慌ただしく**出て行った。
  - 例 隣が**騒がしい**ので見に行ったら、けんかをしていた。
  - 例 彼は最近**忙し**そうで、ずっと残業している。

- 激しい / 急激(な) / 盛ん(な) / ものすごい
  - 例 **激しい**雨、**激しい**運動、**激しい**議論
  - 例 **急激**な気温上昇、**急激**な変化、**急激**に悪化する
  - 例 この地域は漁業が**盛ん**だ。／この国で最も**盛ん**なスポーツ
  - 例 会場は**ものすごい**人込みだった。／今、**ものすごく**売れている本

부사

- さらに 예 まとめて買ったら、**さらに**安くしてくれた。
- ますます 예 高校になって、数学は**ますます**難しくなった。
- 一段と 예 6月に入って、**一段と**暑くなった。

★ 어느 것이나 정도가 강해지는 것을 나타내는 말.「さらに」는 같은 변화나 특징이 다시 한 번 더해지는 모양,「ますます」는 어떤 경향이나 변화가 점점 강해는 모양,「一段と」는 그 경향이 전보다 커진 모양을 나타낸다.

- ついに 예 工事開始から5年を経て、**ついに**ビルが完成した。
- とうとう 예 20年生きた犬も、**とうとう**死んでしまった。
- やっと 예 ずっと探していた本が、**やっと**見つかった。
- ようやく 예 長い入院生活を終えて、父は**ようやく**退院した。
- いよいよ 예 来週は**いよいよ**結婚式だ。

- 恐らく 예 来年は**恐らく**景気が回復するでしょう。
- 多分 예 明日は**多分**出席できないと思う。

★「恐らく」도「多分」도 약한 추측을 나타내지만,「恐らく」는 정중한 표현.

- 大いに 예 〈飲み会で〉今日は**大いに**飲みましょう。
- とても 예 このケーキは**とても**おいしい。
- 大変 예 先生には**大変**お世話になりました。
- 十分 예 これだけ料理があれば**十分**だ。

★「大いに」는 내용이나 양의 많음,「とても」「大変」는 정도가 강함,「十分」은 여유 있는 상태를 나타낸다.

 시험에 나오는 중요 어구·문형 리스트

문법 문말표현·부정표현 외

문말표현

의지

□ **〜てみせる** 〜해 보이겠다
  예) 必ず合格してみせる (⇒実際に合格することを示す)。

□ **〜ぬく** (끝까지) 〜해내다
  예) 全力で走り抜いた (⇒途中であきらめたりやめたりしないで、最後まで走った)。

□ **〜まい** 〜않을 것이다
  예) 二度と言うまい (⇒言わないようにしよう)。

□ **〜ようか〜まいか** 〜할지 말지
  예) 言おうか言うまいか、迷う (⇒言おうか、言わないようにするべきか)。

소원

□ **〜たいものだ** 〜하고 싶다
  예) また会いたいものだ (⇒会いたいなあ、会いたいと強く思う)。

□ **〜ないものか** 〜없을까
  예) もう少し早くできないものか (⇒できないのだろうか)。

추측

□ **〜おそれがある** 〜우려가 있다
  예) 水不足になる恐れがある (⇒水不足になるかもしれない)。

□ **〜かねない** 〜할 지도 모른다
  예) 彼ならやりかねない (⇒やるかもしれない)。

□ **〜に相違ない** 〜임에 틀림없다
  예) 事実に相違ない (⇒事実であることに間違いない)。

□ **〜に違いない** 〜임에 틀림없다
  예) あれは彼女に違いない (⇒きっと彼女だ)。

가능표현

□ **〜うる·える** 〜할 수 있다
  예) また起こり得る (⇒起こる可能性がある)。

□ **〜がたい** 〜하기 어렵다
  예) とても信じがたい (⇒とても信じられない)

□ **〜かねる** 〜하기 어렵다
  예) どれにするか、決めかねる (⇒迷いや問題などがあって、なかなか決められない)。

진행

- [ ] **〜かけている** ~하고 있다
    - 예) 病気は治り**かけている**(⇒治る途中だ)。

- [ ] **〜つつある** ~하고 있는 중이다
    - 예) 病気は治り**つつある**(⇒治る方向に進んでいる)。

결과

- [ ] **〜ずじまい** ~하지 않은 채 끝남
    - 예) 結局、言わ**ずじまい**になった(⇒言わないまま)。

- [ ] **〜ところだった** ~할 뻔했다
    - 예) 危うくけがをする**ところだった**(⇒けがをしそうな状況だった)。

부정

- [ ] **〜っこない** ~할 리가 없다
    - 예) 彼にはでき**っこない**(⇒絶対できない、できるはずがない)。

- [ ] **〜どころではない** ~할 때가 아니다
    - 예) 遊んでいる**どころではない**(⇒遊んでいる余裕など全然ない)。

- [ ] **〜とは限らない** ~라고는 할 수 없다
    - 예) 負ける**とは限らない**(⇒負けると決まっていない)。

- [ ] **〜ないことはない** ~하지 않는 것은 아니다
    - 예) 彼なら、やれ**ないことはない**(⇒やれるかもしれない)。

- [ ] **〜ないとも限らない**
    ~않는 다고도 할 수 없다
    - 예) 雨が降ら**ないとも限らない**(⇒降る可能性もゼロではない)。

- [ ] **〜ものではない** ~것은 아니다
    - 예) こんな夜中に電話をする**ものではない**(⇒電話をするのは間違っている、非常識だ、許されない)。
    - 예) 実際はそんなに簡単な**もんじゃない**(⇒決してそんなに簡単なことではない)。

판단・주장

- [ ] **〜ざるをえない** ~하지 않을 수 없다
    - 예) 言わ**ざるを得ない**(⇒言うしかない)。

- [ ] **〜ではないか [呼びかけ]**
    ~하지 않겠는가
    - 예) 一緒にやろう**ではないか**(⇒やりましょう)。

- [ ] **〜にきまっている** ~임에 틀림없다
    - 예) 勝つ**に決まっている**(⇒必ず勝つ)。

- [ ] **〜にこしたことはない**
    ~보다 나은 것은 없다
    - 예) 用心する**に越したことはない**(⇒用心するのが一番いい)。

- [ ] **〜にすぎない** ~에 불과하다
    - 예) 個人的な意見**に過ぎない**(⇒ただの個人的な意見だ)。

- [ ] **〜にほかならない** 바로 ~이다
    - 예) 優勝できたのは、皆が努力したから**にほかならない**(⇒まさに努力したからだ)。

시험에 나오는 중요 어구・문형 리스트

☐ **〜べきではない** ～해서는 안 된다
　예 人の悪口を言う**べきではない**（⇒言ってはいけない）。

☐ **〜よりほかない** ～할 수 밖에 없다
　예 こうなったら、諦める**よりほかない**（⇒諦めるしかない）。

☐ **〜わけにはいかない** ～할 수는 없다
　예 先生の誘いを断る**わけにはいかない**（⇒断ることは許されない）。

기분・감정

☐ **〜てしょうがない** ～해서 어쩔 줄 모르겠다
　예 悔しく**てしょうがない**（⇒すごく悔しい）。

☐ **〜てたまらない** ～해서 견딜 수 없다
　예 眠く**てたまらない**（⇒すごく眠い）。

☐ **〜てならない** ～해서 참을 수 없다
　예 そう思え**てならない**（⇒強くそう思う）、不安で**ならない**（⇒とても不安だ）

☐ **〜ないではいられない／〜ずにはいられない** ～하지 않을 수 없다
　예 言わ**ないではいられない**／言わ**ずにはいられない**（⇒言わないままでいることはできない）。

☐ **〜ものだ** [昔を懐かしむ気持ち] ～하곤 했다
　예 ここでよく遊んだ**ものだ**（⇒遊んだなあ）。

☐ **〜ものだ** [心に深く感じる気持ち] ～인 것이다
　예 人の気持ちは変わりやすい**ものだ**（⇒変わりやすいなあ）。

곤란

☐ **〜かねる** ～하기 어렵다
　예 彼の主張は理解し**かねる**（⇒理解するのが難しい、理解できない）。

☐ **〜きれない** [能力・限界を超えて、できない] 다 ～할 수 없다
　예 多すぎて食べ**きれない**（⇒全部食べられない）。
　예 もう待ち**きれない**（⇒これ以上待てない）。

부정표현

☐ **一切〜ない** 일절 ～않다
　예 ギャンブルは**一切**やりません（⇒全然やらない）。

☐ **必ずしも〜ない** 반드시 ～않다
　예 **必ずしも**間違いとはいえ**ない**（⇒100パーセント間違いということではない）。

☐ **決して〜ない** 결코 ～않다
　예 この恩は**決して**忘れ**ない**（⇒必ず忘れない、絶対に忘れない）。

☐ **さっぱり〜ない** 전혀 ～않다
　예 この説明書、難しすぎて、**さっぱり**わから**ない**（⇒全然わからない）。

☐ **ちっとも〜ない** 조금도 ～않다
　예 その映画は、**ちっとも**面白くなかった（⇒少しも面白くなかった）。

☐ **まったく〜ない** 전혀 ～않다
　예 ここからは全く見え**ない**（⇒全然見えない）。

☐ **めったに〜ない** 좀처럼 ～않다
　예 彼とは**めったに**会うことができ**ない**（⇒まれにしか会うことができない）。

강조표현

- **~こそ** ~야말로
  - 예) 彼こそ、チームが待ち望んでいた選手だ (⇒まさに彼が)

- **~さえ** ~조차
  - 예) 基本さえ身につければ大丈夫だ (⇒基本だけでも)。
  - 예) そこは不便な場所で、水さえなかった (⇒水までも)。

- **~すら** ~조차
  - 예) だいぶ前に一度行っただけで、店の名前すら覚えていない (⇒店の名前であっても)。

- **たしかに** 분명히, 확실히
  - 예) 確かにおいしかったが、値段がちょっと高かった (⇒その通りで / 言われている通り、本当においしかったが)。

- **まさに** 정말로, 확실히
  - 예) 優勝するなんて、思わなかった。これこそ、まさに奇跡だ (⇒本当に奇跡だ)。

예시표현

- **いわば** 말하자면
  - 예) 彼はいわば、この町の英雄だ (→彼はたとえて言えば)。

- **いわゆる** 소위
  - 예) 彼はいわゆる天才ではない (⇒一般に言われるような天才ではない)。

접속표현

- **だからといって** 그렇다고 해서
  - 예) 1000人に1人くらいしか合格しないけど、だからといって、最初からあきらめたくはない (⇒それを理由として)。

- **というのも** 왜냐하면
  - 예) 引っ越しは3月にしました。というのも、2月までものすごく忙しいんです (⇒なぜなら、その理由は)。

- **もしくは** 혹은, 또는
  - 예) キャンセルするか、もしくは、延期するしかない (⇒または)。

시험에 나오는 중요 어구・문형 리스트

문법 확실히 알아 두어야 할 빈출문형 98

때

□ **〜おり(に)** 〜할 때
　예) 今度東京に行った**折に**、ご挨拶に伺います (⇒東京に行った時に)。

□ **〜か〜ないかのうちに** 〜하자마자
　예) 夜が明ける**か**明けない**かのうちに**家を出た (⇒夜が明ける前後に)。

□ **〜さい(に)** 〜할 때
　예) 受付の**際**、この券をお出しください (⇒受付の時)。

□ **〜さいちゅう(に)** 〜하는 중에
　예) デートの**最中に**、会社から電話がかかってきた (⇒デートをしているときに)。

□ **〜しだい** 〜하는 대로
　예) 日にちが決まり**次第**、連絡します (⇒決まったらすぐ)。

□ **〜たとたん(に)** 〜하자마자
　예) テレビでお店が紹介され**たとたん**、客が増えた (⇒紹介されたらすぐ)。

□ **〜たび(に)** 〜할 때마다
　예) この曲を聴く**度に**、大学生の頃を思い出す (⇒聴くといつも)。

□ **〜ていらい** 〜한 이래
　예) 店を始めて**以来**、こんなことは初めてです (⇒始めた時からこれまでの間で)。

□ **〜にあたって** 〜에 즈음해서
　예) 論文を書く**にあたって**、先生に相談した (⇒書くという状況を迎えることになって)。

□ **〜にさいして** 〜에 즈음해서
　예) サービスのご利用**に際して**、まずは登録をしてください(⇒ご利用の前に)。

□ **〜にさきだち/さきだって** 〜에 앞서
　예) 販売開始に**先立ち**、予約の受付が始まった (⇒開始の前に、まず)。

조건

□ **〜うえで** 〜하고 나서
　예) 家族とよく相談した**上で**決めてください (⇒相談してから)。

□ **〜しだいで** 〜에 따라
　예) 明日の天気**次第で**、どこに遊びに行くかを決めます(⇒明日の天気によって)。

□ **〜ては** 〜하면
　예) 祖母はその写真を見**ては**、泣いていたそうだ (⇒見たら必ず)。

□ **〜としたら** 〜라고 한다면
　예) それが本当だ**としたら**、大変なことだ (⇒本当なら)。

□ **〜となると** 〜하지 않는다면
　예) 彼が来ない**となると**、参加者は全部で10人だね (⇒来ないという状況になれば、来ない場合)。

- □ **〜ないかぎり** 〜하지 않는 한
  - 예) 本人が謝ら**ない限り**、許すつもりはない（⇒謝らないなら）。

- □ **〜につき [単位]** 〜마다
  - 예) 1回**につき**、1000円かかる（⇒1回に対して）。

- □ **〜につけ** 〜때마다
  - 예) 彼女と話す**につけ**、素敵な人だなあと思う（⇒話すといつも）。

- □ **〜ようものなら** 〜했다가는, 〜할 것 같으면
  - 예) ちょっとでも反対意見を言お**うものなら**、社長はすぐ不機嫌になる（⇒言った場合には）。

- □ **〜をぬきに/ぬきにして(は)〜ない** 〜을 빼고는
  - 예) 彼**を抜きにして**は、今回の優勝は**なかった**（⇒彼なしでは、彼がいなくては）。

정도

- □ **〜だけの** 〜만큼의
  - 예) 毎日練習した**だけの**ことはある（⇒練習した分の成果がある）。すごくうまくなった。

대비

- □ **いっぽうで** 한편으로
  - 예) 期待する**一方で**、彼に任せて大丈夫なのかという不安もある（⇒期待するが、それとは別に）。

- □ **〜どころか** 〜은 커녕
  - 예) 謝る**どころか**、挨拶もなかった（⇒謝るというようなレベルでは全くなく）。

- □ **〜にはんして** 〜와 반대로
  - 예) 予想**に反して**、A大学が優勝した（⇒予想とは違って）。

- □ **〜はんめん** 〜반면
  - 예) 母は優しい**反面**、厳しいところもあります（⇒優しいのとは反対に）。

- □ **〜わりに** 〜(에) 비해서
  - 예) 彼はやせている**割に**よく食べる（⇒やせていることを考えると）。

원인・이유

- □ **あまりの〜に** 매우 〜해서
  - 예) **あまりの**痛さ**に**声を出してしまった（⇒痛さが普通ではなかったので）。

- □ **いじょうは** 이상은
  - 예) 引き受けた**以上は**、一生懸命やります（⇒引き受けたのだから、当然）。

- □ **〜からこそ** 〜이기에
  - 예) 努力した**からこそ**、成功することができた（⇒まさに努力したから）。

- □ **〜からには** 〜한 이상은
  - 예) 日本に来た**からには**、富士山に行きたい（⇒日本に来たのなら、やはり）。

- □ **〜せい** 〜때문
  - 예) 試合に負けたのは、私の**せい**だ（⇒負けたのは私の責任だ、負けた理由は私にある）。

- □ **〜だけに** 〜한 만큼
  - 예) 安い**だけに**、すぐだめになった（⇒安い分、当然のように）。

- □ **〜だけあって** 〜인 만큼
  - 예) 長年イギリスに住んでいた**だけあって**、英語が上手だ（⇒長年イギリスに住んでいたから、やはり）。

> ☑ 시험에 나오는 중요 어구・문형 리스트

- □ **〜ところをみると** 〜인 것을 보면
  - 例 笑っている**ところをみると**、合格したようだ（⇒笑っていることから判断すると）。

- □ **〜につき [理由]** 〜이기 때문에
  - 例 工事中**につき**、この道は通れません（⇒工事中のために）。

- □ **〜のことだから** 〜니까, 〜이기에
  - 例 彼**のことだから**、時間通りに来るだろう（⇒彼がいつもそうであるように）。

- □ **〜ばかりに** 〜탓으로
  - 例 私が失敗した**ばかりに**、皆に迷惑をかけてしまった（⇒私が失敗したことが原因となって）。

목적・테마

- □ **〜うえで** 〜에 있어서
  - 例 社員を採用する**上で**最も重視するのは「やる気」です（⇒採用するという目的において）。

경험

- □ **〜ている [経験]** 〜한 적이 있다
  - 例 彼とはこれまで2回、会っ**ています**（⇒会ったことがある）。

역접 등

- □ **〜からといって** 〜라고 해서
  - 例 子供だ**からといって**、許されることではない（⇒子供であることを理由に）。

- □ **〜くせに** 〜인 주제에
  - 例 知らない**くせに**、いいかげんなことを言わないでほしい（⇒知らないのに）。

- □ **〜とはいうものの** 〜라고 하지만
  - 例 忙しい**とはいうものの**、もう少し連絡をしてほしい（⇒忙しいが、それでも）。

- □ **〜とはいえ** 〜라고 해도
  - 例 子供**とはいえ**、実力は大人と変わらない（⇒子供ではあるが）。

- □ **〜ながら** 〜면서
  - 例 彼は本当のことを知り**ながら**、黙っていた（⇒知っていたが）。

- □ **〜にしては** 〜치고는
  - 例 初めて**にしては**、うまくできた（⇒初めてということから予想されるのと違って）。

- □ **〜にしても** 〜하는 경우에도, 〜에게도
  - 例 断る**にしても**、言い方があると思う（⇒断るとしても、断る場合でも）。

- □ **〜にもかかわらず** 〜임에도 불구하고
  - 例 雨**にもかかわらず**、よく来てくださいました（⇒雨なのに）。

모양・경향

- □ **〜がち** 〜한 경향이 있음
  - 例 彼は最近、体調が悪く、仕事を休み**がち**だ（⇒仕事を休むことが多い）。

- □ **〜きる** 전부 〜하다
  - 例 シャンプーはもう使い**切った**（⇒最後まで全部使った）。

- □ **〜ぎみ** 〜한 느낌
  - 例 少しやせ**ぎみ**なので、もう少し食べたほうがいい（⇒やせている感じ）。

- □ **〜げ** 〜한 듯함
  - 例 社長は不満**げ**な顔をしていた（⇒不満そう）。

- □ **〜だらけ** 〜투성이
  - 例 この文章、間違い**だらけ**だよ（⇒間違いがたくさん）。

- □ **〜っぽい** 〜의 경향이 있다
  - 例 このピアス、高かったけど、ちょっと安**っぽく**見える(⇒安そうに)。

화제・대상・범위

- □ **〜こととなると** 〜가 화제가 되면
  - 例 車の**こととなると**、彼は急におしゃべりになる(⇒車の話になると)。

- □ **〜といえば** 〜라고 하면
  - 例 日本料理**といえば**、やはりおすしですね(⇒日本料理について思い浮かぶもの・ことは)。

- □ **〜となると** 〜만 되면
  - 例 休日**となると**、とても賑やかになる(⇒休日の場合は当然のように)。

- □ **〜において** 〜에 있어서
  - 例 研究活動**において**最も大切なこと(⇒研究活動で)

- □ **〜につき [対象]** 〜에 대해 ※やや難しい
  - 例 諸問題**につき**、意見を交換した。

- □ **〜にわたって** 〜에 걸쳐
  - 例 この辺りは、長年**にわたって**調査が行われてきた(⇒長い年月の間)。
  - 例 さまざまな分野**にわたって**研究が行われている(⇒さまざまな分野におよんで)。

- □ **〜向き** 〜에 알맞은/〜에 적합한
  - 例 〈スキー場〉このコースは初心者**向き**だ(⇒初心者に適している)。

- □ **〜向け** 〜용
  - 例 女性**向け**の雑誌はあちらの棚にあります(⇒女性を主な対象とした雑誌)。

- □ **〜とは** 〜란
  - 例 「元旦」**とは**1月1日の朝のことです(⇒元旦というものは)。

- □ **〜をめぐって** 〜을 둘러싸고
  - 例 新しい道路計画**をめぐって**、議論が続いている(⇒新しい道路計画をテーマ・対象に)。

기점

- □ **〜をきっかけに** 〜을 계기로
  - 例 彼らの活動は、今回の受賞**をきっかけに**、広く知られるようになった(⇒受賞が原因、機会になって)。

- □ **〜を契機に** 〜을 계기로
  - 例 この事故**を契機に**、安全対策が見直されるようになった(⇒事故が始まりの機会になって)。

- □ **〜をはじめとして** 〜을 비롯하여
  - 例 先生**をはじめとして**、皆さんに感謝を述べたいと思います(⇒先生、そして皆さんに…)。

한정・비한정

- □ **〜かぎり(は)** 〜하는 한
  - 例 特別な事情がない**限りは**認められない(⇒事情がないなら)

- □ **〜にかぎって** 〜에 한해서, 〜만은
  - 例 彼女**に限って**、そんなことを言うはずがない(⇒ほかの人はわからないが、彼女については間違いなく)。

- □ **〜にかぎり** 〜만
  - 例 今回**に限り**、欠席を認めます(⇒今回だけ)。

- □ **〜ばかりか** 〜뿐만 아니라
  - 例 父**ばかりか**、母にも反対された(⇒父だけでなく)。

시험에 나오는 중요 어구・문형 리스트

복수의 사항・정보 추가

- □ **〜ついでに** 〜하는 김에
  - 例 出かける**ついでに**、これをポストに出してくれる？（⇒出かける機会を利用していっしょに）。

- □ **〜つつ** 〜하면서
  - 例 レポートを書かなければと思い**つつ**、ついテレビを見てしまった（⇒思いながら）。

- □ **〜とともに** 〜와 더불어
  - 例 経済の発展**とともに**、生活も向上した（⇒〜といっしょに、〜に合わせて）。

- □ **〜にくわえて** 〜에 더해
  - 例 専門知識がある**に加えて**、日本語も上手だ（⇒専門知識があるだけでなく、さらに）。

- □ **〜につれて** 〜에 따라
  - 例 娘は、大きくなる**につれて**夫に似てきた（⇒大きくなるのにしたがって、大きくなればなるほど）。

- □ **〜にともなって** 〜함에 따라서, 〜하면서
  - 例 引っ越し**に伴って**、冷蔵庫を買い替えた（⇒〜と同時に、〜に合わせて）。

- □ **〜はもとより** 〜은 물론
  - 例 日本全国**はもとより**、海外からも注文がある（⇒日本全国は当然として）。

판단

- □ **〜うえ(に)** 〜한 데다가
  - 例 値段が安い**上**、デザインもいい（⇒安いほかに、さらに）。

- □ **〜からいうと** 〜로 봐서, 〜을 생각하면
  - 例 私の経験**からいうと**、やめたほうがいいと思う（⇒私の経験から判断すると）。

- □ **〜からして** 우선 〜부터가
  - 例 彼は服装**からして**、とても教師には見えなかった（⇒服装で判断しただけでも）。

- □ **〜からすると** 〜로 보면
  - 例 あの言い方**からすると**、彼女は反対なんだろう（⇒あの言い方から考えると）。

기준・방법

- □ **〜におうじて** 〜에 따라
  - 例 テストの点数**に応じて**、クラスが決まる（⇒点数を元に、点数に合わせて）。

- □ **〜にそって** 〜에 따라
  - 例 お客様のご希望**に沿って**プランをご用意いたします（⇒希望に合わせて）。

- □ **〜にもとづいて** 〜을 기반으로
  - 例 アンケート結果**に基づいて**、新商品の開発を始めた（⇒アンケート結果を元にして）。

- □ **〜をつうじて** 〜을 통해
  - 例 彼とはこの会**を通じて**知り合った（⇒この会で）。

무관계

- □ **〜はさておき** 〜은 제쳐 두고
  - 例 費用のこと**はさておき**、内容についてまず話しましょう（⇒費用のことはわきに置いておいて / 後にして）。

- □ **〜はともかく** 〜은 어찌되었든
  - 例 売れるかどうか**はともかく**、面白い企画ですね（⇒売れるかどうかは別として / わきに置いておいて）。

- □ **〜をとわず** 〜을 불문하고
  - 例 男女**を問わず**、募集します（⇒男女は関係なく）。

- □ **〜もかまわず** 〜도 상관없이
    - 예) 雨が降るの**もかまわず**、チームは練習を続けた（⇒降るのも気にしないで、関係なく）。

예시

- □ **〜というか〜というか** 〜랄까 〜랄까
    - 예) 硬い**というか**地味**というか**、目立たない（⇒硬いのか地味なのか、とにかく）。

- □ **〜にしろ〜にしろ** 〜하든 〜하든
    - 예) 行く**にしろ**、行かない**にしろ**、連絡して（⇒行く場合も、行かない場合も）。

- □ **〜やら〜やら** 〜와 〜등
    - 예) 赤**やら**白**やら**、いろいろな花（⇒赤や白や）。

결과

- □ **〜あげく** 〜한 끝에
    - 예) 迷った**あげく**、買わなかった（⇒迷った結果、最後には）。

- □ **〜あまり(に)** 〜(한) 나머지
    - 예) うれしさの**あまり**、大声を出してしまった（⇒あまりにうれしくて、とてもうれしくて）。

- □ **〜きり** 〜인 채, 〜한 채, 〜한 것을 끝으로
    - 예) 夏に会った**きり**、連絡がない（⇒会ったのを最後に）。

- □ **〜すえ** 〜한 끝에
    - 예) 考えた**末**、やめることにした（⇒考えた結果）

기분・감정

- □ **〜ことに** 〜한 것은, 〜하게도
    - 예) 驚いた**ことに**、彼女には子供がいた（⇒驚いたのだが、驚く話で）。

독해 독해 문제에 나오는 키워드

교육・연구

- 解説(する) / かいせつ — 해설
- 学歴 / がくれき — 학력
- ～巻 / かん — ～권
- 教養 / きょうよう — 교양
- 研究 / けんきゅう — 연구
- ～史 / し — ～사
- 資格 / しかく — 자격
- 進歩(する) / しんぽ — 진보
- 説 / せつ — 설
- テーマ — 테마
- 批評 / ひひょう — 비평
- 文献 / ぶんけん — 문헌
- 分野 / ぶんや — 분야
- 免許 / めんきょ — 면허
- 論争(する) / ろんそう — 논쟁
- 論文 / ろんぶん — 논문

문화・예술

- エッセイ — 에세이
- 演技(する) / えんぎ — 연기
- 演じる / えん — 연기하다
- オリジナル — 오리지널
- 絵画 / かいが — 회화
- 鑑賞(する) / かんしょう — 감상
- 芸術 / げいじゅつ — 예술
- 芸能 / げいのう — 예능
- 作品 / さくひん — 작품
- シナリオ — 시나리오
- 芝居 / しばい — 연기
- 創作(する) / そうさく — 창작
- 展覧会 / てんらんかい — 전람회
- 特色 / とくしょく — 특색
- 独特(な) / どくとく — 독특
- 美術 / びじゅつ — 미술
- 批判(する) / ひはん — 비판
- 批評(する) / ひひょう — 비평
- ～風 / ふう — ～풍
- 物語る / ものがたる — 말하다

국가・지방・정치

- 改革(する) / かいかく — 개혁
- 改正 / かいせい — 개정
- 官僚 / かんりょう — 관료
- 機関 / きかん — 기관
- 憲法 / けんぽう — 헌법
- 権利 / けんり — 권리
- 国家 / こっか — 국가
- 自治体 / じちたい — 자치 단체
- 就任(する) / しゅうにん — 취임
- 政権 / せいけん — 정권
- 政治 / せいじ — 정치
- 制度 / せいど — 제도
- 政党 / せいとう — 정당
- 内閣 / ないかく — 내각
- 方針 / ほうしん — 방침

법률・행정

- 違反(する) / いはん — 위반
- 義務 / ぎむ — 의무

☐ 権利 けんり	권리
☐ 公式 こうしき	공식
☐ 公正(な) こうせい	공정
☐ 裁判員 さいばんいん	재판원
☐ 訴訟(する) そしょう	소송
☐ 廃止(する) はいし	폐지
☐ 発行(する) はっこう	발행
☐ 判決 はんけつ	판결
☐ 被害 ひがい	피해
☐ 無罪 むざい	무죄
☐ 有罪 ゆうざい	유죄

경제

☐ 為替 かわせ	환전
☐ 景気 けいき	경기
☐ 事業 じぎょう	사업
☐ 商売(する) しょうばい	장사
☐ 損害 そんがい	손해
☐ 大企業 だいきぎょう	대기업
☐ 中小企業 ちゅうしょうきぎょう	중소기업
☐ 取り引き(する) とりひき	거래
☐ ビジネス	비즈니스
☐ 民間 みんかん	민간
☐ 利益 りえき	이익
☐ リストラ	기업 구조 조정
☐ ～率 りつ	～율
☐ 流通(する) りゅうつう	유통

기술・산업

☐ 可能性 かのうせい	가능성
☐ 原産 げんさん	원산
☐ 原子力発電 げんしりょくはつでん	원자력발전
☐ 工業 こうぎょう	공업
☐ 工芸 こうげい	공예
☐ 国産 こくさん	국산

☐ サービス業 ぎょう	서비스업
☐ 産地 さんち	산지
☐ 自給率 じきゅうりつ	자급률
☐ 仕組み しく	사물의 구조
☐ 商業 しょうぎょう	상업
☐ 進歩(する) しんぽ	진보
☐ 水産業 すいさんぎょう	수산업
☐ 成分 せいぶん	성분
☐ 精密(な) せいみつ	정밀
☐ 装置 そうち	장치
☐ 天然 てんねん	천연
☐ 特産 とくさん	특산
☐ 特許 とっきょ	특허
☐ 農業 のうぎょう	농업
☐ 農産物 のうさんぶつ	농산물
☐ 発明(する) はつめい	발명
☐ 物質 ぶっしつ	물질
☐ 放射能 ほうしゃのう	방사능
☐ 無害(な) むがい	무해
☐ 無農薬 むのうやく	무농약
☐ 名産 めいさん	명산물
☐ 名物 めいぶつ	명물
☐ メーカー	제조업체
☐ 養殖(する) ようしょく	양식

자연・환경

☐ 異常気象 いじょうきしょう	이상기상
☐ 遺伝(する) いでん	유전
☐ エコ(ロジー)	친환경
☐ 化石 かせき	화석
☐ 観測(する) かんそく	관측
☐ 共生(する) きょうせい	공생
☐ 資源 しげん	자원
☐ 省エネ しょう	에너지 절약
☐ 森林 しんりん	삼림
☐ 推進(する) すいしん	추진

시험에 나오는 중요 어구・문형 리스트

☐ スローフード	슬로푸드			
☐ 生態系(せいたいけい)	생태계			
☐ 節電(せつでん)(する)	절전			
☐ 絶滅(ぜつめつ)(する)	절멸, 멸종			
☐ 地球温暖化(ちきゅうおんだんか)	지구 온난화			
☐ 津波(つなみ)	해일			
☐ 天然記念物(てんねんきねんぶつ)	천연기념물			
☐ 二酸化炭素(にさんかたんそ)	이산화탄소			
☐ 破壊(はかい)(する)	파괴			
☐ 繁殖(はんしょく)(する)	번식			
☐ 被災(ひさい)(する)	재해를 입음			
☐ 微生物(びせいぶつ)	미생물			
☐ 保護(ほご)(する)	보호			

문명・역사

☐ 遺跡(いせき)	유적
☐ 革命(かくめい)	혁명
☐ 植民地(しょくみんち)	식민지
☐ 侵略(しんりゃく)(する)	침략
☐ 同盟(どうめい)	동맹
☐ 背景(はいけい)	배경
☐ 民族(みんぞく)	민족
☐ 冷戦(れいせん)	냉전

건강・의료

☐ 遺伝子(いでんし)	유전자
☐ 衛生(えいせい)	위생
☐ 衰える(おとろえる)	쇠약해지다
☐ 過労死(かろうし)	과로사
☐ ～気味(ぎみ)	～기미
☐ 休養(きゅうよう)(する)	휴양
☐ 脂肪(しぼう)	지방
☐ 就寝(しゅうしん)(する)	취침
☐ 寿命(じゅみょう)	수명
☐ 症状(しょうじょう)	증상
☐ 生活習慣病(せいかつしゅうかんびょう)	성인병
☐ 体調(たいちょう)	컨디션
☐ 体力(たいりょく)	체력
☐ 動作(どうさ)	동작
☐ 日課(にっか)	일과
☐ 免疫(めんえき)	면역
☐ 余暇(よか)	여가
☐ 予防(よぼう)(する)	예방
☐ ワクチン	백신

생활・사회

☐ いじめ	괴롭힘
☐ 介護(かいご)(する)	간호
☐ 格差(かくさ)	격차
☐ 価値観(かちかん)	가치관
☐ 高齢化(こうれいか)	고령화
☐ 個人情報(こじんじょうほう)	개인정보
☐ 再利用(さいりよう)(する)	재이용
☐ 失業(しつぎょう)(する)	실업
☐ 少子化(しょうしか)	저출산화
☐ 世間(せけん)	세상
☐ 専業主婦(せんぎょうしゅふ)	전업주부
☐ 共働き(ともばたらき)	맞벌이
☐ ニート	니트
☐ 年金(ねんきん)	연금
☐ 派遣(はけん)(する)	파견
☐ バリアフリー	배리어프리
☐ 晩婚化(ばんこんか)	만혼화
☐ 引きこもり(ひきこもり)	은둔형 외톨이
☐ 不況(ふきょう)	불황
☐ 福祉(ふくし)	복지
☐ フリーター	프리터
☐ ホームレス	부랑자, 홈리스
☐ ライフスタイル	라이프스타일
☐ リストラ	기업 구조 조정
☐ 老後(ろうご)	노후

상품・서비스

- 欠陥(けっかん) 결함
- 消費者(しょうひしゃ) 소비자
- 手数料(てすうりょう) 수수료
- 特長(とくちょう) 특징, 특장
- 値引き(ねびき) 할인
- 返却(へんきゃく)(する) 반납
- 返品(へんぴん)(する) 반품
- リサイクル(する) 리사이클
- 割引(わりびき)(する) 할인

이벤트・시설안내

- 開放(かいほう)(する) 개방
- カルチャー教室(きょうしつ) 문화교실
- 鑑賞(かんしょう)(する) 감상
- 観戦(かんせん)(する) 관전
- 競技(きょうぎ)(する) 경기
- 稽古(けいこ)(する) 연습
- 掲示(けいじ)(する) 게시
- 実施(じっし)(する) 실시
- 比較(ひかく)(する) 비교
- 避難(ひなん)(する) 피난
- プラン 플랜
- 催す(もよおす) 개최하다
- レクリエーション 레크리에이션

> 시험에 나오는 중요 어구・문형 리스트

청해 청해 문제에 나오는 키워드

대학・학교

- ☐ 学会(がっかい) 학회
  예) 学会で発表する
- ☐ 期限(きげん) 기한
  예) 提出期限(ていしゅつきげん)
- ☐ 掲示(けいじ)(する) 게시
  예) ポスターを掲示する
- ☐ サークル 서클, 동아리
  예) 大学(だいがく)のサークル
- ☐ 実習(じっしゅう)(する) 실습
  예) 企業(きぎょう)で実習する
- ☐ 就職活動(しゅうしょくかつどう) 취직활동
  예) 就職活動を行(おこな)う
- ☐ 進路(しんろ) 진로
  예) 卒業後(そつぎょうご)の進路(しんろ)を決(き)める
- ☐ ゼミ 세미나(수업)
  예) ゼミで発表(はっぴょう)する

회사・직장

- ☐ アポイント 약속
  예) アポイントをとる
- ☐ 打(う)ち合(あ)わせ 협의
  예) 取引先(とりひきさき)との打(う)ち合(あ)わせ
- ☐ 企画書(きかくしょ) 기획서
  예) 新製品(しんせいひん)の企画書(きかくしょ)
- ☐ クレーム 클레임
  예) クレームをつける
- ☐ 原稿(げんこう) 원고
  예) 雑誌(ざっし)の原稿(げんこう)を書(か)く
- ☐ 交渉(こうしょう)(する) 교섭
  예) 価格(かかく)を交渉(こうしょう)する

- ☐ 声(こえ)をかける 말을 걸다
  예) 田中(たなか)さんにも声(こえ)をかける
- ☐ 採用(さいよう)(する) 채용
  예) アルバイトを一人(ひとり)採用(さいよう)する
- ☐ 社会人(しゃかいじん) 사회인
  예) 社会人(しゃかいじん)向(む)けの大学(だいがく)、学生(がくせい)から社会人(しゃかいじん)になる
- ☐ セミナー 세미나
  예) セミナーに参加(さんか)する
- ☐ 転勤(てんきん)(する) 전근
  예) 大阪(おおさか)に転勤(てんきん)する
- ☐ 念(ねん)のため 만약을 위해
  예) 念(ねん)のため確認(かくにん)しておく
- ☐ プレゼンテーション 프레젠테이션
  예) 新製品(しんせいひん)のプレゼンテーションを行(おこな)う
- ☐ 名刺(めいし) 명함
  예) 名刺(めいし)を交換(こうかん)する
- ☐ リスト 리스트
  예) 出席者(しゅっせきしゃ)のリスト
- ☐ 履歴書(りれきしょ) 이력서
  예) 履歴書(りれきしょ)を提出(ていしゅつ)する

관공서・공공서비스

- ☐ 印鑑(いんかん) 인감, 도장
  예) 印鑑(いんかん)を押(お)す
- ☐ 延長(えんちょう)(する) 연장
  예) 期限(きげん)を延長(えんちょう)する
- ☐ 開館(かいかん)(する) 개관
  예) 開館時間(かいかんじかん)

110

☐ 開催(する)かいさい	개최 ㉠コンサートを開催する		☐ 充実(する)じゅうじつ	충실 ㉠品揃えが充実している
☐ 貸し出し(する)かだ	대출 ㉠本を貸し出しする		☐ 宣伝(する)せんでん	선전 ㉠イベントを宣伝する
☐ 実施(する)じっし	실시 ㉠イベントを実施する		☐ 素材そざい	소재 ㉠素材にこだわる
☐ 締め切るしき	마감하다 ㉠募集を締め切る		☐ 通信販売／通販つうしんはんばい つうはん	통신판매 ㉠通販で購入する
☐ 申請(する)しんせい	신청 ㉠ビザを申請する		☐ 提供(する)ていきょう	제공 ㉠お酒を提供する
☐ 整理券せいりけん	순번, 대기표 ㉠整理券を配る		☐ 手数料てすうりょう	수수료 ㉠手数料がかかる
☐ 展示(する)てんじ	전시 ㉠作品を展示する		☐ 取り扱いがあるとあつか	취급 ㉠この商品の取り扱いはない
☐ 届けとど	신고 ㉠届けを提出する		☐ 取扱商品とりあつかいしょうひん	취급하는 물건 ㉠当店での取り扱い商品
☐ 返却(する)へんきゃく	반납 ㉠来週までに返却する			
☐ 催しもよお	행사 ㉠市の催し		☐ 値引き(する)ねび	할인 ㉠千円の値引き
			☐ 半額はんがく	반액 ㉠半額セール
가게・서비스			☐ 評判ひょうばん	평판 ㉠評判のいい先生
☐ 居酒屋いざかや	이자카야, 선술집 ㉠近くの居酒屋で飲む		☐ 品質ひんしつ	품질 ㉠高品質の商品
☐ 移転(する)いてん	이전 ㉠店を移転する		☐ 保証書ほしょうしょ	보증서 ㉠商品の保証書
☐ お気に入りのきい	마음에 드는 ㉠お気に入りのおもちゃ		☐ 満席まんせき	만석 ㉠満席で、店に入れない
☐ クーポン	쿠폰 ㉠割引クーポンを利用する		☐ ～未満みまん	~ 미만 ㉠1万円未満
☐ 契約(する)けいやく	계약 ㉠新しい部屋を契約する		☐ 了承(する)りょうしょう	승낙 ㉠内容の変更を了承する

시험에 나오는 중요 어구・문형 리스트

이동

- □ **大通り**(おおどお) — 큰 길
  예) 大通りに面したホテル

- □ **カウンター** — 카운터
  예) 切符売場のカウンター

- □ **区域**(くいき) — 구역
  예) 立ち入り禁止区域

- □ **区間**(くかん) — 구간
  예) 乗車区間

- □ **スペース** — 공간
  예) 座るスペースがない

- □ **手前**(てまえ) — 바로 앞
  예) ひとつ手前の駅で降りる

- □ **方面**(ほうめん) — 방면
  예) 駅方面に向かう

- □ **歩行者**(ほこうしゃ) — 보행자
  예) 車と歩行者の事故

- □ **目印**(めじるし) — 목표
  예) 目印になる建物

- □ **最寄り**(もより) — 가까움
  예) 最寄りの駅

건강・미용

- □ **アレルギー** — 알레르기
  예) 食べ物のアレルギー

- □ **ウイルス** — 바이러스
  예) 風邪のウィルス

- □ **外食**(がいしょく) — 외식
  예) 一人で外食する

- □ **回復**(かいふく)(する) — 회복
  예) 体調が回復する

- □ **感染**(かんせん)(する) — 감염
  예) ウイルスに感染する

- □ **禁煙**(きんえん) — 금연
  예) カフェの禁煙席

- □ **寿命**(じゅみょう) — 수명
  예) 日本人の平均寿命

- □ **症状**(しょうじょう) — 증상
  예) 風邪の症状

- □ **ストレス** — 스트레스
  예) ストレスがたまる

- □ **体調**(たいちょう) — 컨디션
  예) 体調が悪い

- □ **低下**(ていか)(する) — 저하
  예) 視力が低下する

- □ **トレーニング** — 트레이닝
  예) 毎日のトレーニング

- □ **美容**(びよう) — 미용
  예) 美容に気をつける

- □ **不規則**(ふきそく)(な) — 불규칙
  예) 不規則な生活

- □ **負担**(ふたん)(する) — 부담
  예) 体に負担がかかる

- □ **ヘルシー**(な) — 헬시
  예) ヘルシーな食事

- □ **予防**(よぼう)(する) — 예방
  예) 病気を予防する

- □ **～を伴う**(ともな) — ~을 동반하다
  예) 痛みを伴う

스포츠・텔레비전

- □ **イベント** — 이벤트
  예) 学校のイベント

- □ **インタビュー** — 인터뷰
  예) 選手へのインタビュー

- □ **屋外**(おくがい) — 옥외
  예) 屋外の会場

- □ **ゲスト** — 게스트
  예) 芸能人のゲスト

- □ **決勝**(けっしょう) — 결승
  예) 決勝戦の相手

- ☐ 最新（さいしん） — 최신
  - 예) 最新の情報（さいしん じょうほう）
- ☐ 視聴者（しちょうしゃ） — 시청자
  - 예) 視聴者の意見（しちょうしゃ いけん）
- ☐ プレー（する） — 플레이
  - 예) 海外でプレーする（かいがい）
- ☐ 報道（ほうどう）（する） — 보도
  - 예) 事件を報道する（じけん ほうどう）
- ☐ メンバー — 멤버
  - 예) 代表メンバー（だいひょう）
- ☐ 予選（よせん） — 예선
  - 예) 予選を勝ち抜く（よせん か ぬ）
- ☐ レポーター — 리포터
  - 예) 番組のレポーター（ばんぐみ）

경제・비즈니스

- ☐ 売れ行き（う ゆ） — 팔리는 상태
  - 예) 新商品の売れ行きがいい（しんしょうひん う ゆ）
- ☐ 合理化（ごうりか）（する） — 합리화
  - 예) 経営の合理化を図る（けいえい ごうりか はか）
- ☐ コスト — 비용
  - 예) コストを抑える（おさ）
- ☐ 在庫（ざいこ） — 재고
  - 예) 商品の在庫（しょうひん ざいこ）
- ☐ 事業（じぎょう） — 사업
  - 예) 公共事業（こうきょう じぎょう）
- ☐ 品揃え（しなぞろ） — 상품을 갖춤
  - 예) 品揃えがいい（しなぞろ）
- ☐ 資本（しほん） — 자본
  - 예) 海外資本の会社（かいがい しほん かいしゃ）
- ☐ 商売（しょうばい）（する） — 장사
  - 예) 海外で商売する（かいがい しょうばい）
- ☐ 取り引き（とひ）（する） — 거래
  - 예) A社と取り引きする（しゃ と ひ）
- ☐ ～を占める（し） — ～을 차지하다
  - 예) 市場の半分を占める（しじょう はんぶん し）

MEMO

MEMO

초판발행	2018년 5월 25일
1판 4쇄	2024년 2월 29일
저자	渡邉亜子・大場理恵子・清水知子・杉山ますよ・野原ゆかり・作田奈苗
책임 편집	조은형, 김성은, 오은정, 무라야마 토시오
펴낸이	엄태상
디자인	권진희
조판	이서영
콘텐츠 제작	김선웅, 장형진
마케팅	이승욱, 왕성석, 노원준, 조성민, 이선민
경영기획	조성근, 최성훈, 김다미, 최수진, 오희연
물류	정종진, 윤덕현, 신승진, 구윤주
펴낸곳	시사일본어사(시사북스)
주소	서울시 종로구 자하문로 300 시사빌딩
주문 및 교재 문의	1588-1582
팩스	0502-989-9592
홈페이지	www.sisabooks.com
이메일	book_japanese@sisadream.com
등록일자	1977년 12월 24일
등록번호	제 300-2014-31호

ISBN 978-89-402-9237-2 18730
　　　978-89-402-9235-8 18730 (set)

©2013 Ako Watanabe, Rieko Oba, Tomoko Shimizu, Masuyo Sugiyama, Yukari Nohara, Nanae Sakuta All rights reserved. Printed in Japan

* 이 책의 내용을 사전 허가 없이 전재하거나 복제할 경우 법적인 제재를 받게 됨을 알려 드립니다.
* 잘못된 책은 구입하신 서점에서 교환해 드립니다.
* 정가는 표지에 표시되어 있습니다.

Jリサーチ出版
日本語能力試験完全模試N2

딱! 한권
일본어능력시험

JLPT

시즌1

모의고사 3회분
문제

공저
渡邉亜子
大場理恵子
清水知子
杉山ますよ
野原ゆかり
作田奈苗

N2

★ 뒤에 해답용지가 있습니다.

*이 별책은 힘껏 잡아당기면 뗄 수 있습니다.

시사일본어사

모의고사 제1회

N2

언어지식
(문자·어휘·문법)

독해

105분

問題1 ＿＿＿の言葉の読み方として最もよいものを、1・2・3・4から一つ選びなさい。

1 この食器は壊れやすいので、丁寧に扱ってください。
　　1 とって　　　　2 すって　　　　3 あつかって　　　　4 もって

2 機械の操作を誤ると怪我をするから気をつけて下さい。
　　1 まちがえる　　2 あやまる　　　3 やめる　　　　　4 なれる

3 友だちの成功を羨んでばかりいないで、お前も頑張ったらどうだ。
　　1 うらんで　　　2 なやんで　　　3 にくんで　　　　4 うらやんで

4 わが社の商品があの会社の商品より劣っているとは思えない。
　　1 れっている　　2 おとっている　3 かっている　　　4 さがっている

5 どうぞ率直になんでもおっしゃってください。
　　1 りっちょく　　2 そつちょく　　3 りつちょく　　　4 そっちょく

問題2 ＿＿＿の言葉を漢字で書くとき、最もよいものを1・2・3・4から一つ選びなさい。

6 母は息子をほこりに思っている。
 1 尊り　　　2 敬り　　　3 誇り　　　4 守り

7 花嫁のいしょうは和服と決まった。
 1 衣装　　　2 服装　　　3 服粧　　　4 衣粧

8 1年かかってようやく仕事の内容をおぼえることができた。
 1 記える　　2 覚える　　3 握える　　4 学える

9 家で採れたいちごでジャムを作って瓶につめた。
 1 装めた　　2 塞めた　　3 詰めた　　4 填めた

10 おばあさんは10人の孫たちにかこまれて幸せそうな様子だった。
 1 囲まれて　2 圏まれて　3 包まれて　4 周まれて

問題3　(　　)に入れるのに最もよいものを、1・2・3・4から一つ選びなさい。

11　健康な体を保つためには十分な睡眠が(　　)可欠である。
　　1　無　　　　　2　未　　　　　3　不　　　　　4　非

12　演奏(　　)にとって楽器は命の次に大切である。
　　1　様　　　　　2　生　　　　　3　家　　　　　4　人

13　地球の温暖(　　)は深刻になりつつある。
　　1　性　　　　　2　力　　　　　3　型　　　　　4　化

14　この曲はモーツァルトの(　　)発表の曲で、2012年に発見された。
　　1　未　　　　　2　非　　　　　3　無　　　　　4　不

15　(　　)外国の医師たちが集まって『世界医師会議』が開かれた。
　　1　全　　　　　2　多　　　　　3　諸　　　　　4　緒

問題４　（　　）に入れるのに最もよいものを、１・２・３・４から一つ選びなさい。

16 彼の昇進の（　　）には親の力がある。
　1　背景　　　　　　　2　影響　　　　　　　3　評価　　　　　　　4　判断

17 コマーシャルの影響で売り上げが（　　）。
　1　張っている　　　　2　広がっている　　　3　伝わっている　　　4　伸びている

18 バスが遅れてなかなか来ないので、私はとても（　　）した。
　1　ゆうゆう　　　　　2　いらいら　　　　　3　いきいき　　　　　4　わいわい

19 あの犬をこの庭から（　　）くれ。犬は嫌いなんだ。
　1　追い払って　　　　2　追いかけて　　　　3　払い込んで　　　　4　追い越して

20 演奏が終わると拍手が（　　）。
　1　打ち寄せた　　　　2　沸き起こった　　　3　充実した　　　　　4　興奮した

21 辛いことであったが倒産の事実をしっかり（　　）。
　1　受け止めた　　　　2　受け取った　　　　3　収めた　　　　　　4　解釈した

22 何でもよく覚えている高橋さんが会議の場所を（　　）するなんて、珍しいね。
　1　相違　　　　　　　2　勘定　　　　　　　3　間違い　　　　　　4　勘違い

問題5 ＿＿＿の言葉に意味が最も近いものを、1・2・3・4から一つ選びなさい。

23 この会社のシステムは他の会社と違ってすべてを社長が決定する。
1　事業　　　　2　仕組み　　　　3　会議　　　　4　作法

24 介護に携わっている人にインタビューした。
1　従事している　　　　　　　　2　関心がある
3　手をつないでいる　　　　　　4　持っている

25 彼の何気ない一言が彼女を安心させた。
1　何の意味もない　　　　　　　2　親切な気持の
3　はっきりとした目的のない　　4　気持ちのよい

26 話が決まる直前に彼は水を差すようなことを言った。
1　強く賛成する　　　　　　　　2　少し休もうという
3　邪魔する　　　　　　　　　　4　仲直りする

27 ちゃんと専門的知識を身に付けた人でないと、この仕事はできません。
1　自分で持っている　　　　　　2　着ている
3　自分のものにしている　　　　4　付いている

問題6 次の言葉の使い方として最もよいものを、1・2・3・4から一つ選びなさい。

28 使命
1　私の使命はこのチームを優勝させることです。
2　私は課長に頼まれた使命をすぐに終わらせた。
3　今日は使命がないからゆっくり一日過ごそう。
4　今日は午前中に使命をして、午後からサッカーをする予定だ。

29 集約する
1　家の中のゴミを集約して外に出した。
2　この辺は家が集約しているから、火事が起きたら大変だろう。
3　今日の会議の発言を集約すると、サマータイムは賛成ということだ。
4　皆の作文を集約して、一冊の本にして出版しましょう。

30 目をとめる
1　バスの時刻表の文字が小さいので目をとめた。
2　新聞記事に知っている人の名前があったので、目をとめた。
3　あの人の行動は面白いので、いつもみんなが目をとめている。
4　小説の内容があまり面白くないので、目をとめた。

31 右に出る
1　彼はピアノの世界で右に出ている。
2　私は右に出るような人にはなりたくない。
3　政治的には、彼はいつも右に出ている。
4　現代絵画で彼の右に出る者はいない。

32 しみ込む
1　真っ赤な夕日が校舎にしみ込んでいる。
2　この着物の花の色は、いい色にしみ込んでいる。
3　大根にタコの味がよくしみ込んでいておいしい。
4　泥棒はここから家の中にしみ込んだらしい。

問題7 次の文の（　）に入れるのに最もよいものを、1・2・3・4から一つ選びなさい。

33 若い時は100%満足のいく仕事を求め（　　）だが、そういう仕事は100%ない。
　1　がる　　　　2　がち　　　　3　っぽい　　　　4　げ

34 3時間並ばされた（　　）、前の人のところでチケットは売り切れてしまった。
　1　ために　　　2　うえで　　　3　くせに　　　　4　あげく

35 A「彼の（　　）今日もきっと30分は遅れてくるよ。」
　B「それじゃ、映画が始まっちゃうよ。」
　1　というより　2　という　　　3　ことだから　　4　ことにしている

36 A「あら、テレビ見ないの？」
　B「明日試験だから、テレビ（　　）んだ。」
　1　ものじゃない　　　　　　　2　どころじゃない
　3　といったらない　　　　　　4　にほかならない

37 慣れ親しんだ故郷を離れ（　　）人たちのことを考えるととても辛い。
　1　てはじめて　　　　　　　　2　てからでないと
　3　たところで　　　　　　　　4　ざるを得ない

38 たとえ授業に遅れ（　　）、朝食は必ず1時間かけて食べることにしている。
　1　たら　　　　2　ので　　　　3　ても　　　　　4　てまで

39 有名な画家の展覧会（　　）、開館前から大勢の人が並んだ。
　1　きり　　　　2　だけあって　3　であって　　　4　からして

40 A「今年の新入社員はもう仕事に慣れたようね。」
　B「そうだね、職場の雰囲気（　　）かなり慣れたようだね。」
　1　からすると　2　といえば　　3　をめぐって　　4　をぬきに

41 値段（　　　）、この家の広さと照明器具は魅力的だね。住んでみたいなあ。
　1　というものは　　2　からして　　3　に先だって　　4　はさておき

42 A「育児休暇、1年とれたよ。」
　B「あ、とれたんだ。さすが大企業（　　　）ね。」
　1　どころではない　　　　　　　2　だけのことはある
　3　にちがいない　　　　　　　　4　次第だ

43 A「この中に何が入っているのかしら。」
　B「箱の大きさ（　　　）軽いから、たぶん中身は布製のものでしょうね。」
　1　にもかかわらず　　2　にしては　　3　からすると　　4　にしろ

44 A「今日は道を間違えないで行っ（　　　）よ。」
　B「当たり前でしょ。もう同じ所に5回も行ってるんだから。」
　1　てみせる　　　　　　　　　　2　てもさしつかえない
　3　てはかなわない　　　　　　　4　てほしいものだ

問題8 次の文の ★ に入る最もよいものを、1・2・3・4から一つ選びなさい。

(問題例)

あそこで ＿＿ ＿＿ ★ ＿＿ は山田さんです。

1 本　　　　2 読んでいる　　　3 を　　　　4 人

(解答のしかた)

1．正しい文はこうです。

あそこで ＿＿ ＿＿ ★ ＿＿ は山田さんです。
　　　　　1 本　3 を　2 読んでいる　4 人

2． ★ に入る番号を解答用紙にマークします。

(解答用紙)　(例)　① ● ③ ④

45 オリンピックやパラリンピックを見ていると、選手たち ＿＿＿ ＿＿＿ ★ ＿＿＿ 感心させられる。

1　精神力　　　　　2　の　　　　　　3　に　　　　　　4　強い

46 彼の家に行って驚いたのは、＿＿＿ ＿＿＿ ★ ＿＿＿ ことだった。

1　白で統一されている　　　　　　　2　家具に至るまで
3　すべて　　　　　　　　　　　　　4　食器から

47 昭和30年代に ＿＿＿ ＿＿＿ ★ ＿＿＿ 、建物と人の高齢化の問題を抱えている。

1　都市整備でつくられた　　　　　　2　すでに
3　古い町になってしまい　　　　　　4　町は

48 わが家の ＿＿＿ ＿＿＿ ★ ＿＿＿ だ。

1　多くは不動産屋や　　　　　　　　2　郵便受けに入れられる
3　ピザ屋などのチラシ　　　　　　　4　ものの

49 ＿＿＿ ＿＿＿ ★ ＿＿＿ 理解することができて、いいと思いますよ。

1　人の悲しい気持ちを　　　　　　　2　失敗を経験したほうが
3　ものは考えようで　　　　　　　　4　一度ぐらい

問題9　次の文章を読んで、文章全体の内容を考えて、 50 から 54 の中に入る最もよいものを、1・2・3・4から一つ選びなさい。

何でもコピー

　運転免許証を持っていない運転手が5年も前から救急車を運転していたというニュースを聞いて驚いた。運転免許証が偽物であることは、運転手が起こした事故 50 明らかになったという。

　その運転手は、他人の運転免許証をコピーして自分の写真を貼り、偽の運転免許証を作成したのだという。そして、5年間も救急車を運転していたのだ。自分の車を運転していて事故を起こしたのではなく、病院へ急がなければならない人を乗せる救急車の運転をしていたというのだから、あきれてしまう。

　コピーしたものが本物と分からないぐらいうまくできる 51 、今後いろいろなものが本物と同じようにコピーされ、世の中が偽物でいっぱいになり、何を信じていいか分からなくなるのではないかと危ぐしてしまう。すでに一万円札や医師の免許証、卒業証書のコピーによる事件はこれまでにも起きているが、住民票や通帳、カード、定期券、乗車券、会員証、パスポート、身分証明書などのコピーが手軽にできて世の中に偽物があふれてしまうようになったら、本当に恐ろしい。

　近年、社会問題として注意が促されている「オレオレ詐欺」も 52 人の声のコピーだ。孫や息子が助けを求めてきたと思いこんだ人が、すぐにでも助けてあげようと、指定された口座に大金を振り込んでしまう。孫や子を心配する気持ちを利用したひどいやり方に腹が 53 。
免許証や電話の声が本物ではないときに、すぐに偽物だと反応してくれるような機械を一刻も早く 54 。

50
1　によって　　　2　によれば　　　3　において　　　4　に応じて

51
1　とあって　　　2　といった　　　3　という　　　　4　としたら

52
1　たった　　　　2　いわば　　　　3　せめて　　　　4　おもに

53
1　すわる　　　　2　なおる　　　　3　たつ　　　　　4　ふくれる

54
1　作ってあるという　　　　　　2　作っているという
3　作ってほしいものだ　　　　　4　作ってほしいのか

問題10 次の(1)から(5)の文章を読んで、後の問いに対する答えとして最もよいものを、1・2・3・4から一つ選びなさい。

(1)

　日本人の生活習慣は戦後大きく変わった。最も大きな変化の一つは食生活だろう。もともと日本人は、米を中心とするカロリーの少ない食事をしていた。しかし、肉をはじめとする脂肪(注1)の多い料理をよく食べるようになり、必要以上のカロリーを摂取(注2)するようになってしまった。さらに、現代人は体を使う労働が少なくなり、消費カロリーが減少した。このような生活によって余ったカロリーは、体内に脂肪として蓄えられ、健康にさまざまな害を及ぼすことがわかっている。

（注1）脂肪：動物や植物に含まれている油
（注2）摂取：体の中に栄養を取り入れること

55　この文章の内容に合うものはどれか。

1　現代人はあまり働かなくなったうえに、食べすぎるようになった。
2　日本人は、米を中心とする食事から、肉を中心とする食事に変えていった。
3　食事で取るエネルギーより使うエネルギーのほうが多いと、体内の脂肪が増える。
4　カロリーのとりすぎや運動不足の生活は、健康に良くない。

(2)

　フランスのワイン生産者団体の一つが、日本に輸出されるワインについて、ペットボトルに入れて販売することを認めることを発表した。それまでは、ワインはガラス製のびんに入れて販売することが望まれるとして否定的な立場だったが、検査の結果、ペットボトルでも中身に問題は生じないことがはっきりしたという。ペットボトル入りのものは、軽い分、輸送費が抑えられるため、数年前から販売されてきた。今回の発表で、それがさらに拡大し、売上が伸びそうだ。

[56] 今回の発表はどのような内容か。
1　フランス産ワインの販売方法について、日本のやり方を受け入れる。
2　フランス産ワインの検査方法について、今までの否定的な立場を改める。
3　フランス産ワインの販売方法の変更によって、売上の増加が予測される。
4　フランス産ワインの販売先を日本でも広げていくことを決定した。

(3)

　かつて、科学者とは、だれも考えつかなかったものを発見したり発明したりする人のことでした。だれも持っていない道具を自分で作り、それを使って研究を進め、新しい真実を発見する人、つまり、めったにいない天才でした。ところが、科学の進歩にともない、一定の技術を持ったさらに多くの科学者が必要になりました。そこで、科学者を短期間で育てるための制度ができ、多くの科学者が生まれ、必要とされる職場に送られるようになりました。科学者は一般的な職業になったのです。

57 この文章の内容に合うものはどれか。
　　1　科学者という職業は、天才がなるものである。
　　2　科学者を多く育てることが、科学の進歩につながる。
　　3　昔の科学者は天才だったが、今はそうとは限らない。
　　4　科学者に対する評価は、徐々に下がってきている。

(4)

　世界の森林は減少し続けている。その理由の一つに商業用木材を得るための伐採がある。自然の森の中では、多くの場合、高価な木材として売れる木とそうではない木が一緒になって生えている。それにもかかわらず、商業的な伐採では、効率上の理由から、広範囲にわたってそこに生えている木をすべて切ってしまうことがある。近年、このような伐採に対する法による規制が強まっているが、違法伐採は依然として続いているという。

（注）伐採：木を切ること

58 この文章の内容に合うものはどれか。
　　1　森林の減少を防ぐために、商業的な伐採は法律で禁止されている。
　　2　高く売れる木材だけを選んで伐採する方法は能率がよいので、よく行われる。
　　3　対象とする範囲の木を区別なく全部伐採する方法は都合がよく、今も無くなっていない。
　　4　森に生えている木をすべて伐採することを規制する法律は、まだ多く残っている。

(5)

「日本全国どこも似たような町になってしまった」と言う人がいる。地方へ行っても、都会と同じような姿の駅、都会にもあるような名前のスーパーやコンビニ、ホテルばかりで、つまらないと言うのだ。しかし、こういうことを言う人は建物しか見ていないのかもしれない。実際は、そこに住む人々の生活の中に入り込んでみると、異なる点がたくさん見えてくる。その土地にずっと住んでいる人と一緒に食事でもしながら話してみるといい。「戦前、この村はこんな産業が盛んで、その影響がこんなふうに残っている」「この村の祭りには、伝統的にこんな役割がある」といったような話がいろいろ聞けるだろう。

59 筆者は、現代の日本について、どのような意見を述べているか。
1 現代の日本にも、伝統的な産業や祭りが必要だ。
2 現代の日本にも、地方によって異なる文化がある。
3 現代の日本では、地方による文化の差が失われてしまった。
4 現代の日本には、平均化された町と独自の文化を守る町が共存している。

問題11　次の(1)から(3)の文章を読んで、後の問いに対する答えとして最もよいものを、1・2・3・4から一つ選びなさい。

(1)
　誰でも子供の時というのは黄金時代なのである。その時には何も感じないような平凡な出来事でも、時をへてみると、いつしか黄金に変わっている。①ふだんは気がついていなくても、あの時にへと想いを馳せれば、そこいら中、黄金でないものはない。
　子供の頃の雑誌かなにかの教材で、点がばらばらに投げ出されていて、その点に番号が打ってある。その番号順に点を結んでいけば、ライオンやゾウの姿が浮かんでくる。これは数字を学習するための教材なのであるが、私は幼い頃の記憶もこれに似ていると思う。散らばった点は無数にあり、②星のように光っているものも、燃え尽きて消え入ろうとするものもあるのだが、点と点とを結んでいくと記憶がありありと甦ってくる。消えそうな点も、もう一度輝き出すのである。
　そうやって現れてくるものは、結んでいく点の順番によって、どのようにでも変わっていく。
(中略)
　昔はみんな子供だったのである。誰もが記憶の中に黄金を埋蔵させている。問題はそれを掘り起こすかどうかであって、掘ろうという意志を持ったとたん、地下鉱脈を掘りあてたかのように③黄金はあふれ出してくる。

(立松和平『いい人生』野草社による)

(注1) いつしか：いつの間にか
(注2) 想いを馳せる：遠く離れている人や物事のことを思う
(注3) そこいら中：そこも、ここも、全部
(注4) 教材：教えるための材料や道具
(注5) 甦る：死にそうだったり、消えそうだったりしたものが、もう一度元気になる
(注6) 埋蔵させている：土の中に埋めてかくしてある
(注7) 鉱脈：役に立つ鉱物が埋まっているところ

[60] ①ふだんは気がついていなくても とは、何に気がついていないのか。
1　毎日の生活の中の平凡な出来事
2　子供のころの平凡な出来事
3　子供時代は黄金時代だということ
4　平凡な毎日が黄金のような価値を持つということ

[61] ②星のように光っているものも、燃え尽きて消え入ろうとするものもある とは、ここではどのような内容を指すか。
1　りっぱなライオンやゾウもいるが、年をとって元気がないライオンやゾウもいる。
2　はっきり覚えている出来事もあるが、ほとんど忘れてしまった出来事もある。
3　美しくはっきり見える点もあるが、はっきり見えない点もある。
4　点と点をきれいに結んで書けた線もあるが、うまく書けなくて消えそうな線もある。

[62] ③黄金はあふれ出してくる の「黄金」とは何か。なぜあふれ出してくるのか。
1　「黄金」とは美しい心のことで、それは子供の中に隠れているからである。
2　「黄金」とは努力する力のことで、それはみんなが持っているからである。
3　「黄金」とは美しい思い出で、それを思い出そうとしたからである。
4　「黄金」とは子供のときの才能で、それを伸ばそうと努力したからである。

(2)

　①ある哲学者が、こんな打ち明け話をした。(注1)
　学生のころ、陸上競技の選手をしていたこの人は、運動と勉強の両方をするのは、忙しい。充分な勉強もできない。こう考えて、思い切って、陸上競技の練習をやめてしまった。それで勉強の成績は上がるだろうと考えたが、実際には、逆に成績が下がってしまった。おかしいと反省して、やはり、忙しくなくなったことで、勉強の能率が悪くなり、手早くしていた勉強が時間の増えた分、のろくなったということがわかった。運動と勉強の両方をしていたときの集中がゆるんでしまったのは失敗だったと、この哲学者は若き日を回顧した。なまじ時間があると、仕事の能率が悪くなる。忙しい方がよく仕事ができる、というのは、ヒマな人には想定外のことである。

　仕事が多くなれば、仕事が早くなり、案外時間があまる。時間があると思うと、仕事がのろくなり、のんびりするから、時間内に仕上げることもできなくなったりする。(中略)

　予定表をそばに置いて、予定と競争して勉強すると、どんどんすすみ、とても無理だと思ったことが予定の時間内にできてしまい時間があまることもある。②忙しくしたから、ヒマが生まれたのである。ヒマな人がたくさんの仕事を予定して時間内にこなすようにすれば、つまらぬことに時間を空費することはなくなると気づいたという。

（外山滋比古『傷のあるリンゴ』東京書籍による）

（注1）打ち明け話をする：言わないでかくしていたことを話す
（注2）回顧する：昔のことを思い出す
（注3）なまじ時間があると：十分ではなくても時間に余裕があると
（注4）こなす：やるべきことを処理する
（注5）空費する：むだに使う

[63] ①ある哲学者が話した内容として、正しいものはどれか。
1　彼は、学生時代に勉強の成績もよかったから、陸上競技の選手にもなった。
2　彼は、学生時代に陸上競技の選手だったから、勉強の成績が下がってしまった。
3　彼は、学生時代に勉強の成績が下がってしまったから、陸上競技をやめた。
4　彼は、学生時代に陸上競技をやめたら、勉強の成績が下がってしまった。

[64] ②忙しくしたから、ヒマが生まれたとは、どういう意味か。
1　忙しい人は、ヒマをつくろうとがんばるから、ヒマができる。
2　忙しい人は、能率よく仕事をしようとするから、ヒマができる。
3　忙しい人は、ヒマをつくることに慣れているから、ヒマができる。
4　忙しい人は、のんびりするときにも集中できるから、ヒマができる。

[65] 筆者が述べたいことは何か。
1　忙しい人ほど、ヒマができる。
2　ヒマな人ほど、ヒマを上手に使える。
3　忙しい人はいつも忙しく、ヒマな人はいつもヒマである。
4　ヒマになれば、時間をむだにすることはなくなるだろう。

(3)

　「一度」とか「一人」とかいう言葉は数を示すものであり、それ自体には良いも悪いもない。

　しかし昨今、それらの言葉がとりわけ騒々しく耳を打ち目にとまるのは、「百年に一度」とか「千人に一人」といった言い回しが多用されているためである。

　つまりこの「一度」や「一人」における「一」は、百年とか千人といった遥かに大きな数に対応する「一」であり、確率を表す数字ということになるのだろう。

　たとえば百年に一度の大災害に見舞われるとか、千人に一人の割合で発生する事故の犠牲者になるとかいったような形でこの数字は使われる。そして多くの場合、ここの数量表現は、だから実際には人は滅多にそんな困った事態にぶつかるものではありませんよ、と①人々を安心させる働きを担っているような気がしてならない。

　別の見方をすれば、本人がその確率を承知して暮らしている以上、もし天災に出会っても、天から降って来る人工衛星のかけらに当っても、医療面でのトラブルに巻き込まれても、誰も責任を問われることはなくなるのかもしれない。

　確率を示す数字が全く必要ないなどとは思わない。少なくともそれは、ごく大雑把な見当をつける上では役に立つことも多いだろう。

　ただ忘れてはならぬのは、もし何かが起った際には、その当事者は分母の数字に関係なく、②分子の「一」である点だ。その時には自分にとって分母と分子は同じ数となる。つまり、一分の一になってしまう。

　だから「一度」や「一人」を気軽に扱って欲しくない。分母は数字でも分子は数字ではないのだから。

（黒井千次「大きな分母」『ベスト・エッセイ2012』光村図書による）

（注1）耳を打ち目にとまる：聞いたり見たりして気にかかる
（注2）遥かに：ずっと
（注3）大災害に見舞われる：台風、地震、事故など、とても大変なことにあう
（注4）犠牲者：被害にあった人
（注5）人工衛星のかけら：主に地球の周りを回っている人工物がこわれて小さくなったもの
（注6）大雑把な見当をつける：だいたいこのぐらいだろうと予想する
（注7）分母：$\frac{b}{a}$のa
（注8）分子：$\frac{b}{a}$のb

66 「百年に一度」や「千年に一人」という言い方は、なぜ①人々を安心させるのか。
1 そのような言い方は、起こる確率が低いことを示すから
2 そのような言い方は、よく使われていてめずらしくないから
3 そのような言い方は、困ったことが起こらないようにするために使われるから
4 そのような言い方は、人々に困ったことがあっても仕方ないと思わせるから

67 ②忘れてはならぬとは、だれが「忘れてはならぬ」のか。
1 この文章の筆者
2 確率を示す数字が役に立つと考える人
3 何かが起った際の当事者
4 すべての人々

68 筆者が主張したいことは何か。
1 災害の起きる確率を数字で表すことはやめたほうがいい。
2 「百年に一度」「千人に一人」などの表現を使う人は、根拠をはっきり示すべきだ。
3 災害の起きる確率を数字で表すなら、人々を安心させる数字を使ってほしい。
4 「百年に一度」「千人に一人」などの表現は、当事者の現実の姿を表すものではない。

問題12　次のAとBはそれぞれ、「会話するときに大切なこと」について書かれた文章である。二つの文章を読んで、あとの問いに対する答えとして最もよいものを、1・2・3・4から一つ選びなさい。

A

　世の中には、人の話を聞くのが実にうまい人がいます。そういう人は、話す人を見つめながら表情豊かに興味深そうに反応しながら聞いてくれるので、話す方も、自分が受け入れられているという安心感を覚え、その人の方をじっと見つめて話し続けたくなるものです。自分にとって好ましい感じの人だったり、より親しい人であったりすれば、なおさらでしょう。しかし、数人で会話をしているときは、注意しなければなりません。自分にとって好ましいある特定の人ばかりを見ながら話を続ければ、それ以外の人は自分が軽視されているような気になり、いい気分ではないでしょう。等しい割合で視線を送ることが、グループで話すときには大切なのです。

B

　最近「傾聴」という言葉をよく聞く。話を聞くときに、相手が話したいこと、伝えたいことを、受容的・共感的な態度で聞くことで、もともとはカウンセリングなどで使われる手法である。学校で教えられたり企業の研修でも取り上げられたりするからであろうか、話をしているときに「なるほど」「そうですね」「たしかに」などとあいづちを打ちながら話を聞いてくれる人が、若い人を中心に増えたような気がする。それはたいへんに結構なことではある。聞いているのかいないのか、わからないように無反応であるよりは、ずっとよいだろう。しかし、これも度が過ぎれば、「この人はいつも聞いてはくれるが、自分の意見は言わない人だ」と思われてしまう危険性もある。相手が何を求めているのかを注意深く考慮し、時と場合に応じて、聞く態度を調整する必要があるのではないだろうか。

[69] ＡとＢのどちらの文章にも触れられている点は何か。
1 話し手にとって好ましい、聞き手の態度
2 話をするときに、相手によい印象を与える方法
3 話を聞くときの、あいづちの重要性
4 自分の意見を軽々しく言わないことの重要性

[70] ＡとＢについて、正しいものはどれか。
1 Ａは話をするときの視線の重要性、Ｂは話を聞くときの共感の重要性を主張している。
2 ＡもＢも傾聴の重要性について主張している。
3 Ａはグループで会話しているときの聞く態度について、Ｂは二人で話をしているときの聞く態度について述べている。
4 Ａは話をするときに気を付けるべき点について、Ｂは話を聞くときに気を付けるべき点について述べている。

問題13　次の文章を読んで、後の問いに対する答えとして最もよいものを、1・2・3・4から一つ選びなさい。

　私たちは、何かを伝えようとするとき、伝える内容の方に一生懸命になる。しかし聞く方は、予備知識も含め、あなたというメディア全体が放っているものと、発言内容の「足し算」で聞いている。
（注1）

　「仕事を抱え込んでしまって困っている山田さん」が、「新商品は、何をつくるかよりも、いかに新しいつくり方をするかです」と言ったって、説得力がない。
　　　　　　　　　　　　　　　　　　　　　　　　　　　　　　①

　しかし、「新しいものづくりをしていると評判の山田さん」が、「新商品は、何をつくるかよりも、いかに新しいつくり方をするかです」と言えば、みんな「いいことを言うぞ」と聞き耳を立てるだろう。そういう状況の中で話し始めれば、同じことを言っても、よく理解され、発言は通りやすくなる。発言が通れば、信頼感が増し、さらに発言が通りやすくなると、いいスパイラルになっていく。
（注3）

　どうしたら、あなたが口を開く前に、周囲の人から、あなたの話を聞こうという気持ちを引き出せるのか？　どうしたら、クライアントが、あなたの企画書の表紙を開く前に、「あの人の企画なら間違いない」と思ってもらえるのか？
（注4）

　自分の聞いてもらいたいことを聞いてもらえるメディアになる。

　「メディア力を高める」とは、そういう意味だ。少し引いた目で、外から観た自分をとらえ、それを「こう見てほしい」という自分の実像に近づけていくことだ。

　自分以上に見られたい、という人もいると思うが、私はその必要はないし、戦略としてうまくないと思う。考えてみてほしい。外から見て人があなたに期待する、その「期待値」に、常に自分の内面がともなわないのだ。コミュニケーションの入り口はよくても、関わるごとに相手は、期待以下の実感をもつ。コミュニケーションの出口には、「幻滅」が待っている。
　　　　　　　　　　　　　　　　　　②　　　　　　　　　　　　　　　　　　　　　　（注5）

　そうではなく、自分の偽らざる内面のうち、どの面を見せ、謳っていくかだと思う。
（注6）

　「メディア力」をつくるものは何だろう？（中略）

　自分の営みによって、結果的に形成されていく部分が大きいと私は思う。日ごろの、立ち居ふるまい・ファッション・表情。人への接し方、周囲への貢献度、実績。何をめざし、どう生きているか、それをどう伝えているか？　それら全ての積み重ねが、周囲の人の中にあなたの印象を形づくり、評判をつくり、ふたたび、「メディア力」として、あなたに舞いもどってくる。動きやすくするのも、動きにくくするのも、自分次第だ。
（注7）

（山田ズーニー『あなたの話はなぜ「通じない」のか』筑摩書房による）

（注1）メディア：情報を伝える手段
（注2）聞き耳を立てる：注意を集中させて聞く
（注3）スパイラル：効果を増しながらくり返していくこと
（注4）クライアント：仕事を依頼してきた人
（注5）幻滅：期待を裏切られてがっかりすること
（注6）謳う：表現し、主張する
（注7）舞いもどってくる：もとのところに戻ってくる

[71] ①説得力がないのは、なぜか
1 発言内容が理解しにくいから
2 発言のしかたに問題があるから
3 発言する人が信頼されていないから
4 発言を聞く人に予備知識がないから

[72] ②コミュニケーションの入り口はよくてもとは、どういう意味か。
1 実際に話す前には、周囲から「あの人の言うことなら間違いない」と思われても
2 実際に話す前には、周囲の人とうまくコミュニケーションすることができても
3 実際に話し始めたときには、その内容がすばらしいと思われても
4 実際に話し始めたときには、スピーチの方法がすばらしいと思われても

[73] 筆者は、人に何かを伝える場合に大切なのは、どんなことだと言っているか。
1 「この人の話なら聞こう」と周囲に思わせる評判をつくること
2 「この人はコミュニケーションが上手だ」と周囲に思わせる印象をつくること
3 どのようなメディアを使って伝えたら効果が高いかを考えること
4 伝える内容を考える前に、周囲の人といい人間関係を作り上げておくこと

問題14　右のページは、ＤＶＤのレンタルプランに関するサイトである。下の問いに対する答えとして最もよいものを、１・２・３・４から一つ選びなさい。

[74] 上野さんは、「無料お試し」を利用してから、プランBを利用しようと考えている。どのように手続きをしたらいいか。

1　会員登録し、プランBを選択する。次に希望のＤＶＤを注文リストに登録する。
2　会員登録し、さらにプランBの無料お試しに登録する。無料お試し期間中にプランBを申し込む。
3　会員登録し、さらにプランBの無料お試しに登録する。そのままプランBの利用を続ける。
4　会員登録し、プランBを選択する。希望のＤＶＤを注文リストに登録し、ＤＶＤを送る。

[75] 入会後２か月の間で、レンタル１枚の費用が一番安いのはだれか。

1　春子さん（プランAの「無料お試し」を利用してから、プランAを申し込んで、計20枚借りた。）
2　夏子さん（プランBの「無料お試し」を利用してから、プランBを申し込んで、計16枚借りた。）
3　秋子さん（最初からプランCを申し込んで、計10枚借りた。）
4　冬子さん（プランAの「無料お試し」を利用してから、プランCを申し込んで、計20枚借りた。）

DULA ネットDVDレンタルサービス

● ネットDVDレンタルサービスとは？

DULA ネットDVDレンタルサービスは、観たいDVDをお客様のご希望の住所まですぐお届けします。「入会金無料、送料無料、貸出期間は自由」のDULAレンタルサービスにぜひご入会ください！

● 利用のしかた

1. ホームページで会員登録し、入会(その際にプランを選択)
   ↓
2. ご希望のDVDを注文リストに登録
   ↓
3. DVDを郵送
   ↓
4. ご視聴されたDVDをポストに返却

● 使い方に合わせて選べる3つのプラン

プラン	利用料金(1か月)	無料お試し期間	レンタル枚数(1か月)
プランA	1940円	入会日から1か月	借り放題
プランB	1600円	入会日から1か月	10枚まで
プランC	1000円	なし	5枚まで

今すぐ「無料お試し」をご利用ください！→ クリック

● 「無料お試し」とは？

次の手順で無料お試しがご利用可能です。(登録はインターネットでその場ですぐ完了します)

1. ホームページで会員登録し、入会(その際にプランを選択)
   ↓
2. 「無料お試し」登録
   ↓
3. 「無料お試し」スタート

＊無料お試しが必要ない方は、プラン選択をしたのち、無料お試し登録をせずに、ご希望のDVDを注文してください。
＊無料お試し期間中に退会手続きをされた場合は、料金はかかりません。
＊無料お試し期間終了後、手続きなしで自動的に選択されたプランをご利用いただけます。
＊レンタルプランCの場合は、無料お試しなしで、登録完了後、有料にてレンタル開始となります。
＊無料お試しのご利用は1回に限らせていただきます(再度入会されても、以前に無料お試しをご利用されたことがある場合は、再度無料お試しを利用することはできません)。

모의고사 제1회

N2

청해

55분

問題 1

問題1では、まず質問を聞いてください。それから話を聞いて、問題用紙の1から4の中から、最もよいものを一つ選んでください。

例

1　しりょうをコピーする
2　しりょうをメールで送る
3　しりょうの内容をチェックする
4　しりょうのグラフを修正する

1番

1　しりょう
2　課題
3　メール
4　アンケート

2番

1
```
ooo-xxxx
東京都港区さくら台1-5-9

    田中まり子様
```

2
```
ooo-xxxx
東京都港区
さくら台一―五―九

田中 まり子 先生
```

3
```
ooo-xxxx
東京都港区さくら台1-5-9

    田中まり子様
```

4
```
ooo-xxxx
東京都港区さくら台一―五―九

田中 まり子 先生
```

3番

1 電車に乗る
2 きっさ店に戻る
3 電話をする
4 大学に行く

4番

1 先生の研究室に行く
2 リーさんに電話する
3 先生にメールする
4 女の学生にメールする

5番

1 2700円
2 3000円
3 8100円
4 9000円

問題 2 🎧 09~16 1회

問題2では、まず質問を聞いてください。そのあと、問題用紙のせんたくしを読んでください。読む時間があります。それから話を聞いて、問題用紙の1から4の中から、最もよいものを一つ選んでください。

例

1 値段が安いから
2 和食の店だから
3 部長が強くすすめるから
4 田中さんが好きな店だから

1番

1 肉体的な限界を感じたから
2 精神的に続けられなくなったから
3 指導者になりたかったから
4 オリンピックでメダルが取れなかったから

2番

1　やせるため
2　筋肉をつけるため
3　けしきを楽しむため
4　寄り道するため

3番

1　コンタクトレンズがないから
2　コンタクトレンズで目を傷つけたから
3　コンタクトレンズを使うのをやめたから
4　コンタクトレンズが目に合わなかったから

4番

1 以前、同じような薬で吐き気がしたから
2 以前、同じような薬で胃が痛くなったから
3 以前、同じような薬が全く効かなかったから
4 以前、同じような薬で症状がさらに悪くなったから

5番

1 働きやすそうに感じたから
2 この会社しか受からなかったから
3 一番興味のある種類の仕事だったから
4 会社の仕事の内容に興味があったから

6番

1　かぎを借りるため
2　ピンマイクを借りるため
3　パソコンをネットにつなぐため
4　大学のホームページを見るため

問題3

問題3では、問題用紙に何も印刷されていません。この問題は、全体としてどんな内容かを聞く問題です。話の前に質問はありません。まず話を聞いてください。それから質問とせんたくしを聞いて、1から4の中から、最もよいものを一つ選んでください。

― メモ ―

問題 4

問題4では、問題用紙に何も印刷されていません。まず文を聞いてください。それから、それに対する返事を聞いて、1から3の中から、最もよいものを一つ選んでください。

— メモ —

問題 5

問題 5 では、長めの話を聞きます。この問題には練習はありません。メモをとってもかまいません。

1番、2番

問題用紙に何も印刷されていません。まず話を聞いてください。それから、質問とせんたくしを聞いて、1 から 4 の中から、最もよいものを一つ選んでください。

― メモ ―

3番

まず話を聞いてください。それから、二つの質問を聞いて、それぞれ問題用紙の1から4の中から、最もよいものを一つ選んでください。

質問1

1　ごはんとおかずを少しずつ順番に食べる
2　最初に野菜だけ、次に肉だけ、最後にごはんを食べる
3　最初に肉だけ、次に野菜だけ、最後にごはんを食べる
4　最初にごはんだけ、次に肉だけ、最後に野菜を食べる

質問2

1　ごはんとおかずを少しずつ順番に食べる
2　最初に野菜だけ、次に肉だけ、最後にごはんを食べる
3　最初に肉だけ、次に野菜だけ、最後にごはんを食べる
4　最初にごはんだけ、次に肉だけ、最後に野菜を食べる

모의고사 제2회

N2

언어지식
(문자·어휘·문법)

독해

105분

問題 1 ＿＿＿の言葉の読み方として最もよいものを、1・2・3・4から一つ選びなさい。

1 空を仰ぐときれいな虹が出ていた。
　　1　ぎょうぐ　　　2　げいぐ　　　3　みあぐ　　　4　あおぐ

2 3カ月も経つと悲しみがだんだん薄れていった。
　　1　よごれて　　　2　はなれて　　　3　うすれて　　　4　きれて

3 以前、この町は工場から出る煙で汚染され、空が茶色になったこともある。
　　1　おせん　　　2　おうせん　　　3　おぜん　　　4　おうぜん

4 会社では、世界経済について豊富な知識がある人が必要とされている。
　　1　ふんふ　　　2　ほんふう　　　3　ふうふん　　　4　ほうふ

5 この時計が時を刻んで、もう100年以上になるという。
　　1　きざんで　　　2　こくんで　　　3　あゆんで　　　4　よんで

問題2 ＿＿＿＿の言葉を漢字で書くとき、最もよいものを1・2・3・4から一つ選びなさい。

⑥ お金を<u>もうけよう</u>として株を買ったわけではない。
　1　設けよう　　　2　儲けよう　　　3　得けよう　　　4　財けよう

⑦ 薬を飲んで痛みが止まったらしいが、<u>いちおう</u>医者に診てもらうことにした。
　1　一次　　　　　2　一度　　　　　3　一応　　　　　4　一下

⑧ 彼はアルバイトで一カ月10万円<u>かせいで</u>いる。
　1　稼いで　　　　2　嫁いで　　　　3　料いで　　　　4　争いで

⑨ 私は彼の考え方に<u>きょうかん</u>した。
　1　協感　　　　　2　響観　　　　　3　共感　　　　　4　共観

⑩ 父の<u>くちぐせ</u>は「成せばなる」である。
　1　口頭　　　　　2　口常　　　　　3　口模　　　　　4　口癖

問題3 （　　）に入れるのに最もよいものを、1・2・3・4から一つ選びなさい。

11　父は退職後、すっかり（　　）気力になってしまった。
　1　不　　　　　2　無　　　　　3　非　　　　　4　未

12　家賃の（　　）払い分は来月下旬にまとめてお支払いしますと言ってきた。
　1　無　　　　　2　非　　　　　3　未　　　　　4　不

13　母校のテニスクラブが、全国大会で初めて（　　）決勝まで行った。
　1　順　　　　　2　準　　　　　3　純　　　　　4　旬

14　辞典は現在編集（　　）で、出版は来年2月頃を予定している。
　1　上　　　　　2　下　　　　　3　中　　　　　4　過

15　人によって人生（　　）が異なる。
　1　観　　　　　2　性　　　　　3　的　　　　　4　感

問題4 （　　）に入れるのに最もよいものを、1・2・3・4から一つ選びなさい。

16 古代エジプトの文字の（　　）には長い時間がかかった。
　1　解答　　　　2　解読　　　　3　解釈　　　　4　解消

17 （　　）の場所を探してみたが、父はどこにもいなかった。
　1　心配　　　　2　心当り　　　3　当然　　　　4　得意

18 就職試験を何社も受けたが全部落ちてしまい、疲れと悔しさで心は（　　）だ。
　1　ずたずた　　2　きれぎれ　　3　ばらばら　　4　すたすた

19 パンを作るときは、小麦粉と水の（　　）は1.4対1ぐらいがいい。
　1　割算　　　　2　割合　　　　3　比較　　　　4　割引

20 課長はいま大きな問題を（　　）いて、歯の治療にも行けないそうだ。
　1　担任して　　2　抱いて　　　3　負担して　　4　抱えて

21 会社の管理体制が（　　）と、社員が育たないだけでなく、営業成績も伸びない。
　1　辛い　　　　2　厚い　　　　3　甘い　　　　4　幼い

22 彼は、平和について語るだけではだめで、何か行動を（　　）と言った。
　1　生かそう　　2　動かそう　　3　出そう　　　4　起こそう

問題5 ＿＿＿の言葉に意味が最も近いものを、1・2・3・4から一つ選びなさい。

23 彼はあの番組のレギュラーだ。
　1　司会者　　　　　2　正式なメンバー　　3　監督　　　　　4　製作者

24 今までは、厄介なことが起きるといつも課長に相談してきた。
　1　仕方がない　　　2　いやな　　　　　　3　人を紹介する　4　面倒な

25 あなたは味方だと思っていました。
　1　厳しい人　　　　　　　　　　　　　　2　自分に属する方
　3　面白い人　　　　　　　　　　　　　　4　自分に反対する方

26 皆さん、揃いましたか。
　1　準備できました　2　並べました　　　　3　合いました　　4　集まりました

27 贅沢な生活ですね。
　1　とてもりっぱな　　　　　　　　　　　2　大変貧しい
　3　お金をたくさん使った　　　　　　　　4　けちな

問題6 次の言葉の使い方として最もよいものを、1・2・3・4から一つ選びなさい。

28 愛好者
1 噂によると、あの二人はお互い愛好者だそうだ。
2 私は餃子を家で作って食べる愛好者だ。
3 釣りの愛好者が年々増えてきているそうだ。
4 彼は犬の愛好者で、たくさん犬を飼っている。

29 穴埋め
1 ３人では少ないので、あと１人穴埋めした。
2 余った会費は、みんなに穴埋めした。
3 今年の夏は、節電して電気代を穴埋めした。
4 会社の赤字はどうやって穴埋めするのだろうか。

30 承知する
1 そのことについてはよく承知しています。
2 オリンピックを日本に承知したい。
3 彼とは意見が承知している。
4 会議の前にみんなの考えを承知させたほうがいい。

31 座り込む
1 電車のドアが開くと大勢の人が座り込んできた。
2 彼はついに社長の地位に座り込んだ。
3 社長に会わせろとドアの前で座り込んでいる。
4 あの人はいつも落ち着いて座り込んでいる。

32 生涯
1 この日のことは生涯忘れられないだろう。
2 生涯の終わりまで一緒にいよう。
3 生涯のお願いだから聞いてください。
4 彼は生活のために生涯懸命働いた。

問題7　次の文の（　　）に入れるのに最もよいものを、1・2・3・4から一つ選びなさい。

33　A「今朝から少し風邪（　　）なんだ。」
　　B「じゃ、早く帰って寝たほうがいいよ。」
　　1　気味　　　　2　げ　　　　3　がち　　　　4　っぽい

34　父の会社の取引先の会社が倒産した（　　）、父の会社も大きな赤字を出してしまった。
　　1　たところ　　2　たびに　　3　ため　　　　4　たら

35　今回のボランティア活動では、得（　　）経験ができた。
　　1　かねない　　2　かねる　　3　かけの　　　4　がたい

36　あまり練習しなかった（　　）、うまくスピーチできた。
　　1　ので　　　　2　ばかりに　　3　わりには　　4　からして

37　この問題（　　）長い間議論が続いています。
　　1　をめぐって　2　をこめて　　3　を通して　　4　をもとに

38　人をだますようなこと（　　）お金を得たいとは思わない。
　　1　までして　　　　　　　　　　2　だけあって
　　3　じゃなくて　　　　　　　　　4　もしないで

39　円高傾向が続く（　　）輸入品の値段が下がり、高いものがよく売れるようになった。
　　1　につき　　　2　にしては　　3　に際して　　4　につれて

40　閉店する（　　）、世話になった近所の店に挨拶に行った。
　　1　にあたって　2　において　　3　に応じて　　4　に限って

41　コンクールの結果は20位（　　）、満足のいく演奏ができた。
　　1　というより　2　といえば　　3　とはいうものの　4　といったら

42 口で言う（　　）、実際にやってみてほしい。
　1　だけに　　　　2　だって　　　　3　だとすると　　　4　だけでなく

43 次の給料が入り（　　）、まとめて全額お返しします。
　1　上に　　　　　2　次第　　　　　3　得る　　　　　　4　折に

44 彼は親の反対（　　）会社をやめた。
　1　もしないで　　2　はもとより　　3　もかまわず　　　4　というものは

問題8 次の文の ★ に入る最もよいものを、1・2・3・4から一つ選びなさい。

(問題例)

あそこで ＿＿＿ ＿＿＿ ★ ＿＿＿ は山田さんです。

1　本　　　　　2　読んでいる　　　3　を　　　　　4　人

(解答のしかた)

1．正しい文はこうです。

> あそこで ＿＿＿ ＿＿＿ ★ ＿＿＿ は山田さんです。
> 　　　1　本　　3　を　　2　読んでいる　　4　人

2．★ に入る番号を解答用紙にマークします。

(解答用紙)　(例) ① ● ③ ④

45 水族館に ＿＿＿ ＿＿＿ ★ ＿＿＿ 、私のほかには一人もいなかった。
1 人は　　　　　2 言う　　　　　3 と　　　　　4 行きたい

46 商品を多くの ＿＿＿ ＿＿＿ ★ ＿＿＿ しかない。
1 知ってもらう　　　　　　　　　2 テレビで宣伝する
3 には　　　　　　　　　　　　　4 人に

47 予防注射は、＿＿＿ ＿＿＿ ★ ＿＿＿ と思いますよ。
1 なら　　　　　　　　　　　　　2 受けられる
3 どこでも　　　　　　　　　　　4 市内の病院

48 初心者 ＿＿＿ ＿＿＿ ★ ＿＿＿ ではなかった。
1 簡単なもの　　　2 とはいえ　　　3 向けの　　　　4 講座

49 介護ロボットが ＿＿＿ ＿＿＿ ★ ＿＿＿ ことはできない。
1 介護に関する　　　　　　　　　2 と言いきる
3 あれば　　　　　　　　　　　　4 仕事はすべて楽になる

問題9 次の文章を読んで、文章全体の内容を考えて、50 から 54 の中に入る最もよいものを、1・2・3・4から一つ選びなさい。

さまざまなロボット

　掃除ロボットが開発され、家庭にかなり普及しているようである。初めは、値段の高いぜいたく品だと思っていたが、その働きぶりの実際をデパートで見て、ついに我が家も購入した。隅から隅まで時間をかけて部屋を掃除する様子を見ていると、まかせておいて大丈夫だという安心感が持てる。 50 、高いところから落ちないように高さを測ることができ、何か問題が起きると音を出して知らせる。その音を聞くとロボットが「助けてー」と言っているようで、私は「はいはい」と答えてしまう。機械とわかっていても、コミュニケーションをとれるような気がして、答えずにはいられない。今まさにロボットが生活に入りつつある。

　これまでロボットに求められてきたものは、探査、組み立て、掃除、介護 51 労働を軽くする機能であったが、最近、人間の技術を伝えることができるというロボットが開発されたそうである。

　このロボットは、 52 をすべて分析して、書いた人と同じ字を書くことができるという。つまり、ロボットに字の書き方を教えてもらうことができるというわけである。このロボットを開発した人は、人間が長い年月をかけて身に付けた技術を伝えることに役立つロボットを目指している。

　 53 技術を伝えることを目的としたロボットが開発されたら、バイオリンの弾き方や寿司の握り方、ボールの投げ方など、手を使って行うすべての世界で、超一流の技をロボットに教えてもらえることになるであろう。しかし、いくらロボットが素晴らしいといっても、超一流の技を生み出すのは人間の仕事だ。やはり、技は人間が自ら 54 。

50
1　しかし　　　　　2　それで　　　　　3　また　　　　　4　それでも

51
1　というか　　　　2　といった　　　　3　といえば　　　4　はさておき

52
1　人が筆で書く時の動き　　　　　2　すでに書かれた文字を
3　他の人が書いた文字　　　　　　4　ロボットが書いた筆の動き

53
1　同じような　　　2　これとは違う　　3　ここで　　　　4　このような

54
1　磨かないというわけではない　　　2　磨かなければならないのである
3　磨いてもさしつかえない　　　　　4　磨かないではいられない

問題10 次の(1)から(5)の文章を読んで、後の問いに対する答えとして最もよいものを、1・2・3・4から一つ選びなさい。

(1)

　コンサートやライブの楽しみは、生の音楽に触れられることはもちろんだが、それだけではないだろう。好きなミュージシャンと同じ時と場所を共有できること、それも大きな魅力ではないだろうか。CDによっていつでも好きなときに音楽を聞くことはできるし、最近ではインターネットを通じて、手軽に音楽を楽しむこともできる。それでも、お金を払ってコンサートに足を運ぶ人は尽きない。それは、やはり、ミュージシャンが音楽を演奏するその瞬間を、その場所で同時に味わいたいからだろう。さらに、同じ音楽を愛する人々と、同じ空気と同じ感動を共有する喜びもあるだろう。

55 この文章の内容に合うものはどれか。
1 コンサートの客は、いい音楽とおいしい食事を同時に楽しみたいと思っている。
2 コンサートに行く人は、その場にいる人と感動を共にすることを楽しんでいる。
3 最近は好きな音楽が簡単に聞けるので、わざわざコンサートに行く人は少なくなった。
4 コンサートは、愛する人と一緒に行くと、より大きな喜びを感じることができるだろう。

(2)
　工場というと、煙や騒音などが思い浮かぶが、最近では「美しい」というイメージもそれに加わるようだ。夜、暗くなってから工場地帯に行くと、工場の明かりや煙突などから出る光が美しく見えてロマンチックだというのだ。工場地帯を抱えるある市が、これに気づいてツアーを企画したところ、予想以上の申し込みがあったという。これをきっかけに、民間のツアー会社も参入するようになった。さらには、自慢の「工場夜景」を持つ数都市が集まり、「全国工場夜景サミット」なるものも開催されている。視点を変えて新しい価値を発見した一例である。

56　この文章の内容に合うものはどれか。
1　工場から出る煙や騒音に「美しさ」を感じる人もいる。
2　工場経営者たちは、夜の工場がロマンチックだということに気がついた。
3　ツアー会社の企画のおかげで、工場夜景の美しさに気づく人が増えた。
4　「工場の夜景」が持つ独特の魅力が、注目されるようになった。

(3)

　高校生に対するある意識調査によると、「自分は勉強熱心だ」と思っている高校生が、この30年間で1.5倍以上に増えているという。ただ、この結果を見て、「最近の若者はまじめになった」と評価できるだろうか。私は、現代の高校生が、その親の世代が高校生の時よりもまじめになったという見方には賛成できない。むしろ、実際には熱心とは言えないような勉強の仕方でも、「自分は熱心だ」と言ってしまう者が増えたのではないだろうか。意識が変わり、自分に対する要求水準を、昔より下げてしまっている結果とは言えないか。

57　筆者は、高校生に対するある意識調査について、どのような考えを述べているか。
　1　この調査の方法には疑問が感じられ、その結果を信じることはできない。
　2　この調査は高い評価を受けているが、それには納得できない。
　3　この調査結果が、現代の高校生の実態を表しているとは思わない。
　4　この調査結果から、現代の高校生が昔よりまじめでおとなしくなっていることがわかる。

(4)

　「苦手な人はいますか」と問われたら、あなたは何と答えますか。ある調査によると、「いる」と答える人は、年代が上がるほど少なくなるそうです。年とともに、他人との付き合い方が上手になっていくということでしょうか。あるいは、苦手な人と無理に付き合う必要がなくなっていくのかもしれません。子供時代は、学校のクラスメートや近所に住む子供と遊ぶしかありませんが、大人になれば、付き合う相手を選べますから。また、出世して経営者にでもなれば、部下を選ぶことさえできるでしょう。

58　この文章の内容と合うものはどれか。
　1　「苦手な人がいる」と答える人は、他人との付き合いを避けようとする人である。
　2　苦手な人をなくしたいなら、仕事で出世して、部下を選べるようになればよい。
　3　苦手な人の存在に悩まされないように、付き合う相手を選ぶことが大切だ。
　4　苦手なタイプがいるかどうかは、その人の経験や人間関係のあり方によるだろう。

(5)
以下は、ある会社から来たはがきの内容である。

拝啓　平素は格別のお引き立てをいただき、厚く御礼申し上げます。

　さて、この度はアジーナン企画による「年末スペシャルコンサート」招待券にご応募いただき、まことにありがとうございました。応募者多数につき、厳正な抽選を行いました結果、残念ながら当選とはなりませんでした。恐縮ではございますが、ここにお知らせいたします。

　なお、アジーナン企画では、来年1月に「ニューイヤーコンサート」も予定いたしております。詳細は弊社ホームページで発表いたします。今回と同様、招待券をご用意する予定です。またのご応募をお待ちしております。

　今後とも、アジーナン企画へのご愛顧を賜りますようお願い申し上げます。

敬具

アジーナン企画株式会社

---

[59] このお知らせを受け取った人の説明として、正しいものはどれか。

1　この人は、今年の年末スペシャルコンサートに応募しなかった。
2　この人は、今年の年末スペシャルコンサートに招待されない。
3　この人は、来年のニューイヤーコンサートに応募した。
4　この人は、来年のニューイヤーコンサートに招待される。

問題11 次の(1)から(3)の文章を読んで、後の問いに対する答えとして最もよいものを、1・2・3・4から一つ選びなさい。

(1)

　何かを評価する時、日本人は100点を満点とする方法を採りがちです。小学校入学以来、繰り返し行なわれるテストがその典型で、すべての出題に正解すれば100点。間違った場合は、その分を差し引いていく。つまり減点法です。

　これは中間レベルを相対的に評価する場合に適しています。たとえば30人のクラスで100点満点のテストを実施したとしましょう。得点（評価）は0点から100点まで分布します。60点の人は50点の人よりも高く評価される。これは誰にでもわかります。

　ところが、100点の人が5人いたとしたら、どうでしょうか。5人が優秀なのはわかるけれど、彼らに正当な評価がされたとは言えません。100点という「天井」を設定したために、評価が曖昧になってしまうわけです。

　こうした方法で評価していると、評価を受ける側は100点を目標にするようになります。試験に出そうなことだけを勉強し、それ以外はやってもムダと考えるわけです。すると、努力し続ければどんどん伸びる可能性があるのに、100点で止まってしまうことになります。

　こうしたことを避けるために、評価方法として加点法を採用している分野も少しはあります。

（中略）

　減点法と加点法の違いを一言で言えば、失敗をカウントするか、成功をカウントするか、ということです。社会生活を営む大多数の人間は評価を求めて生きますから、適用される評価法に合わせて行動様式を変えます。失敗がカウントされるなら、失敗を減らすように努めるし、成功がカウントされるなら成功を増大させようと努めるわけです。

（川口淳一郎『「はやぶさ」式思考法　日本を復活させる24の提言』飛鳥新社による）

（注1）相対的に：ほかのものと比べて
（注2）カウントする：数える
（注3）社会生活を営む：社会で生活する
（注4）行動様式：行動のしかた

60 次のうち、減点法のものはどれか。
1 一定の距離を走って、タイムの短さを競うスポーツ
2 １カ月のミスの回数によって、その人の成績を決めるやり方
3 赤いコインを取ると一つプラス５点、青いコインを取ると一つマイナス５点のゲーム
4 車の販売会社で、販売した車の台数によってその社員のボーナスの金額を決めるシステム

61 評価が曖昧になってしまうのは、どのような場合か。
1 評価する人の多くが、優秀な人である場合
2 評価される人の多くが、優秀な人である場合
3 評価する人の多くが、中間レベルである場合
4 評価される人の多くが、中間レベルである場合

62 筆者は、減点法をどのようにとらえているか。
1 減点法は日本人にとってわかりやすいので、これからも広く使われていくだろう。
2 減点法より加点法のほうがわかりやすいので、減点法はこれから減っていくだろう。
3 減点法を使うと、人々は100点を目指してよく努力するようになる。
4 減点法を使うと、失敗やムダを避けたいという気持ちが強く働くようになる。

(2)

　人間は、繰り返し練習することで、難しい作業であっても巧みに素早くできるようになります。しかし、この能力が仇となって、ミスにつながることもあります。
　毎日変化のない仕事を大量にこなしていると、「次の仕事もいつものパターンと同じだろう」と思い込むようになります。
　普段は歩行者がほとんど無い横断歩道では、自動車のドライバーはあまり注意せずに通過します。歩行者は現れないと思い込んでいるからです。それゆえ、まれに歩行者が現れると轢いてしまうのです。一見安全と思える場所でも事故が起こるのは、①このためです。（中略）
　思い込みによるミスは、深刻な結果を引き起こすことがあります。一旦こうに違いないと思い込んでしまうと、その後に着手する作業が、なまじ練習効果があるために、素早く徹底的に実行されてしまうからです。
　間違いは無いと思い込んだまま、患者の取り違えに気付かず、心臓や肺を手術したという医療ミスの事例があります。このような事例のいずれの場合でも、途中で気付かれることなく、手術自体は完遂されてしまいました。慣れている医師だからこそ仕事が速く、ミスに気付く前に手術が終わってしまうのです。
　つまり②玄人の方が危ないのです。むしろ経験が浅い方が、慎重になって時間がかかるので、完了する前にミスに気付けるチャンスが多いと言えます。

（中田亨『「事務ミス」をナメるな！』光文社新書による）

（注1）巧みに：上手に
（注2）仇となる：害になる
（注3）思い込む：強く信じる
（注4）なまじ：（なくてもいいのに）少し
（注5）完遂：最後までやり終わること
（注6）玄人：その仕事が専門の人。専門家、プロ

[63] ①このためとはどのような内容を指すか。
1　安全な場所だろうと思われる場所で事故が起こるため
2　歩行者があまり渡らない横断歩道であるため
3　ドライバーが歩行者に気をつけなさいと言われないため
4　歩行者が渡るはずがないと考えてしまうため

[64] 筆者はなぜ②玄人の方が危ないと考えるのか。
1　玄人はミスが起こっても、ミスに気がつく前に仕事を終えてしまうから
2　玄人は自分がミスをすることに慣れていないので、対応できないから
3　玄人は丁寧に仕事をするので、時間がかかりすぎてしまうから
4　玄人はミスが起こらないように早く仕事を終えた方がいいと思い込んでいるから

[65] この文章で筆者が最も言いたいことはどれか。
1　玄人より素人のほうがミスに気付けるから優れている。
2　繰り返し練習してミスをしないようにしなければならない。
3　難しいことが簡単にできるせいで、ミスが起きることがある。
4　ミスが起きないように、仕事は注意深くゆっくりするべきである。

(3)

　ご近所トラブルは、古くて新しい問題だ。(中略)
　警察庁の統計によると、昨年、近隣関係や家庭などをめぐり全国の警察に寄せられた安全相談は約16万6千件。07年の約13万件に比べ3割ほど増えている。
　騒音問題など近隣トラブルに詳しい八戸工業大学の橋本典久教授(音環境工学)は、「マンションの床は以前より厚さが増し、騒音対策もされたのに苦情は減っていない。音に対する感性が変わり、敏感になっている」と指摘する。
　橋本教授によると、15年ほど前から苦情件数は増え始め、00年ごろからは学校や公園で遊ぶ子どもの声への苦情が目立ってきた。「セミやカエルの鳴き声がうるさいから何とかしろ、という苦情も行政に寄せられる」という。
　なぜ増えているのか。核家族化で各自が個室を持ち、近所の人を自宅に招いてお茶を飲むような機会も減っている。目白大学の渋谷昌三教授(社会心理学)は「他者をもてなす場でもあった縄張りに人を入れることがなくなり、自分の殻に閉じこもる人が増えた」と分析する。
　また、独り暮らしの高齢者などに見られる傾向にも注目する。「孤独な人ほど人と交わりたいという欲求が強まり、近所の人の言動が気になってしまう。『年寄りの繰り言』という言葉があるが、しつこく苦情を言う人ほど、実はコミュニケーションを取りたがっているということかもしれない」と話す。

(朝日新聞2012年11月17日朝刊による)

(注1) 敏感になる：感覚が鋭くなる
(注2) 行政：国や役所など、公的なサービスを行うところ
(注3) 核家族：夫婦だけ、または夫婦と子供だけの家族
(注4) もてなす：客を歓迎して、世話をしたり相手をしたりする
(注5) 縄張り：自分の場所だと意識している範囲
(注6) 繰り言：言ってもどうにもならない不満

66 音に対する感性が変わり、敏感になっているとは、どういうことか。
1 聞こえてくるどんな音も気になってしまう。
2 小さい音をもっとよく聞こうとしてしまう。
3 いろいろな音を聞き分ける能力が高くなっている。
4 人工的な音よりも自然界に存在する音を求めている。

67 子供の声などへの苦情が増えているのはなぜか。
1 住宅の騒音対策が不十分だから
2 うるさい子どもが親に注意されなくなったから
3 セミやカエルなどが増えて、昔よりうるさくなったから
4 近所と付き合う機会が減り、近所の人への不満を持ちやすくなったから

68 ご近所トラブルについて、この文章ではどのように述べているか。
1 役所や警察は、ご近所トラブルにもっと注意を向けたほうがよい。
2 ご近所トラブルを避けるためには、騒音対策が有効である。
3 ご近所トラブルは、最近になって増えてきた、新しい問題だ。
4 ご近所トラブルの背景には、生活のしかたの変化がある。

問題12 次のAとBはそれぞれ、世襲（子どもが親の後を継いで同じ職業につくこと）について書かれた文章である。二つの文章を読んで、あとの問いに対する答えとして最もよいものを、1・2・3・4から一つ選びなさい。

A

　子どもが親と同じ職業につくことは、昔なら当然のことであった。農民の子は農民に、商人の子は商人になるよう、生まれたときから義務づけられていたと言ってもいい。しかし、近代になると個人の意思を尊重しようという動きが生まれ、「職業選択の自由」が多くの国々の法律に盛り込まれるようになる。そして、親と同じ仕事を選ぶなんて考えが古い、家に縛られた気の毒な人のすることだ、といった見方さえされるようになった。
　一方で、親と同じ仕事ができるのは恵まれた人だけで不公平だという意見も出てきている。ある種の職業を特定の家の人が独占し、一般の人のチャンスを奪っているというものだ。近年では就職自体が難しくなってきており、ある意味当然な流れとも言えよう。

B

　「職業選択の自由」と言うが、大人になってから選ぶのでは遅すぎるような職業もある。世襲が基本とされている伝統芸能の世界などでは、家庭がそのまま職業訓練の場となっていて、子どもは職業に必要な技能を自然に身につけていくという。幼少時からそのような環境で育った者と、少年期、青年期になってからその職業につこうとする者とのあいだには大きな差がついてしまう。その差を克服するには、かなりの努力と才能が必要になる。自由といっても、どんな職業でも選べるというわけではないのだ。
　もちろん、伝統芸能の家に生まれた者にはプレッシャーもあることだろう。しかし、さまざまな技能を親から学べること、学ぶ機会に恵まれていることは、伝統を次世代へつなげていくという意味から大いに評価できるのではないだろうか。

69　ＡとＢの筆者は「職業選択の自由」についてどのような主張をしているか。

1　ＡもＢも「職業選択の自由」には限界があると主張している。

2　ＡもＢも「職業選択の自由」について紹介するだけで、特に主張はしていない。

3　Ａは「職業選択の自由」には限界があると主張し、Ｂは特に主張はしていない。

4　Ｂは「職業選択の自由」には限界があると主張し、Ａは特に主張はしていない。

70　ＡとＢの筆者は、世襲に対してどのような立場で論じているか。

1　Ａは否定的、Ｂは肯定的

2　Ａは肯定的、Ｂは否定的

3　ＡもＢも肯定的

4　ＡもＢも否定的

問題 13 次の文章を読んで、後の問いに対する答えとして最もよいものを、1・2・3・4から一つ選びなさい。

「少しは体にいいことをしなくては」と、心悩ませる人が手軽にできることの一つに「野菜ジュースを飲む」があります。あなたは野菜不足だ、もっと食べなさい、と常に「強迫」（注1）されているような人にとって、野菜ジュースを飲むことは手っ取り早く「いいことをした」気分になれる飲料のようです。その利用を見込んで（注2）飲料の売り場にはたくさんの種類の野菜ジュースが並べられています。

しかし、残念ながらどれを飲んでも①野菜を食べた代わりにはなりません。なぜかと言いますと、「野菜ジュース」というのは野菜のしぼり汁だけを集めたもので、汁に入り込めない成分は取り除かれてしまっているからです。野菜ジュースで摂取（注3）できるのは液汁部分の成分だけです。

野菜を食べることが大切、といわれる理由は大きく三つあります。

一番目は野菜に含まれる成分のうち、体内に吸収されて重要な役割を演じる物質が摂取できるからです。ビタミン類やミネラル類はもちろん、最近はこれら以外のわずかに含まれる成分にも注目が集まっています。

二番目は、食物繊維（注4）が摂取できることです。食物繊維は体内に吸収されない成分であるため、消化管の中を移動し、大便のもととなり便秘を防いでくれます。

三番目はさまざまな種類の野菜が、味や歯触り、季節感など、私たちの食事を楽しませてくれることです。

生のままで、あるいは、ゆでたり、煮たり、炒めたりなど、どのような調理方法をとるにせよ、野菜を食べる場合には、それを口の中でよくかんで、飲み込んで、すべての成分を消化管に送り込んでいます。歯の弱い人や赤ちゃんには軟らかく煮た野菜をつぶしてドロドロにして食べさせます。この場合も、かむことは省略していますが、野菜全体を食べていることは同じです。だいこんおろしのように野菜をすりおろして食べることもありますが、この場合も野菜全体を食べています。

野菜全体を食べて、はじめて野菜を食べる意味が達成されます。

メーカーや野菜の種類によって野菜からジュースをしぼる製法は異なりますが、いずれにしても、野菜をいったんすりおろしたり、つぶしたりしてから汁をギュッとしぼりとるわけです。食物繊維やカルシウムなどはしぼりかすに残る量の多いことが国民生活センター（注5）の実験からも確かめられています。

（高橋久仁子『「食べ物神話」の落とし穴』講談社による）

（注1）強迫：無理に要求すること
（注2）見込む：予想したり期待したりする
（注3）摂取：外から取り入れて自分のものにすること
（注4）食物繊維：消化されない食物の成分
（注5）しぼりかす：しぼったあとに残ったもの

[71] なぜ、野菜ジュースは①野菜を食べた代わりにはならないのか。
1　野菜ジュースの汁の部分には、体に吸収されにくい成分が多いから
2　野菜ジュースの汁の部分には、体によい成分が少ないから
3　野菜の、ジュースを取った残りの部分にも、体に大切な成分があるから
4　野菜の、ジュースを取った残りの部分のほうがジュースより多いから

[72] 野菜を食べることが大切な理由として、適切ではないものはどれか。
1　野菜には、体内で大切な働きをする物質がいろいろ含まれているから
2　野菜には、体内には吸収されないが体に大切な食物繊維が含まれているから
3　野菜を食べるときには、よくかんで食べるので体によいから
4　野菜によって季節を感じることができ、食事が楽しくなるから

[73] この文章で筆者が言いたいことは何か。
1　店で売っている野菜ジュースの作り方ではビタミンはあまり残らないので、飲んでも意味がない。
2　野菜ジュースを飲むことより、野菜そのものを食べることのほうが、さまざまな点で優れている。
3　野菜ジュースを飲んでも、野菜そのものを食べたことにはならないから、飲まないほうがよい。
4　野菜ジュースを選ぶときは、国民生活センターの実験を参考にして、栄養のあるものを選ぶとよい。

問題14　右のページは、森山公園のボランティア募集案内である。下の問いに対する答えとして最もよいものを、1・2・3・4から一つ選びなさい。

[74] 山田さんは、森山公園のフラワーボランティアをしてみたいと思っている。そのために、山田さんがしなくてはいけないことはどれか。

1　平成25年1月20日までに応募してから、見学会に申し込む。
2　応募してから、平成25年2月1日か2月6日の説明会に参加する。
3　応募してから、平成25年2月24日のガイダンスに参加する。
4　応募してから、平成25年2～3月の土曜日に2回、研修を受ける。

[75] 大学生の田中さんは、森山公園でボランティアをしたいと考えている。田中さんへのアドバイスとして最もよいものはどれか。

1　月2回、授業のない土曜日に活動するだけでも参加できるので、さとやまボランティアはどうか。
2　授業がある月曜と水曜に活動しなくてはいけないから、さとやまボランティアはすすめられない。
3　長期休暇の3月や8～9月に活動するだけでもいいので、フラワーボランティアはどうか。
4　毎日活動しなくてはいけない期間があるから、フラワーボランティアはすすめられない。

森山公園ボランティア募集

　森山公園では、多くの方をボランティアとして受け入れ、公園の管理運営にご協力いただいております。現在募集中のボランティアは以下のとおりです。

1) さとやまボランティア

活動内容	公園内の畑や水田で農作業をし、1年を通して定期的に活動します。田植え、お茶作り（5月）、稲刈り（9月）などがあります。
活動エリア	森山公園内、さとやまエリア（むかしの農家を再現した区域）
活動日	毎週月・水・土曜日　＊見学会受付中！　012-567-1111

2) フラワーボランティア

活動内容	庭園内の花の世話をするとともに、3月には「フラワー栽培教室」を、8月には「フラワーフェスティバル」を開きます。集中活動期間があります。
活動エリア	園内全域
活動日	集中活動期間（3月、8〜9月）は毎日。それ以外の月は週に1回程度。

応募条件：
- 1) は、少なくとも月に2回以上、土曜日（9:45-15:00）に活動できる方。平日については自由参加。2) は、集中活動期間は週2日（1日1時間程度）以上、それ以外の期間は月2日間程度活動できる方。
- 1) は、小学校3年生以上の方　　2) は成人の方。
  ＊小学生の方は、必ず保護者の方と一緒に参加・登録してください。
- 1) に登録するには、平成25年2月1日（土）か2月6日（水）の説明会に参加した上で、2〜3月の土曜日に2回、研修を受けていただく必要があります。実際の活動は4月からです。
- 2) への登録は、平成25年2月24日（日）のガイダンスに参加できる方に限らせていただきます。

応募方法：

　メールまたはFAXに、①電話番号　②住所　③氏名　④年齢　⑤性別　⑥応募理由を明記の上、下記までお送りください。

【応募期限】平成25年1月20日（日）必着

【応募先】1)　森山公園「さとやまボランティア新規募集」係
　　　　　　　電話＆FAX：０１２－５６７－１１１１
　　　　　　　メール：volunteer-1@moriyamapark.ne.jp
　　　　　2)　森山公園「フラワーボランティア新規募集」係
　　　　　　　電話＆FAX：０１２－５６７－１１１２
　　　　　　　メール：volunteer-2@moriyamapark.ne.jp

모의고사 제2회

N2

청해

55분

問題 1

問題1では、まず質問を聞いてください。それから話を聞いて、問題用紙の1から4の中から、最もよいものを一つ選んでください。

例

1 しりょうをコピーする
2 しりょうをメールで送る
3 しりょうの内容をチェックする
4 しりょうのグラフを修正する

1番

1

2

3

4

2番

1. 800円の切符
2. 1800円の切符
3. 2600円の切符
4. 2800円の切符

3番

1. USBにデータを入れる
2. パンフレットをコピーする
3. サンプルを持ってくる
4. パンフレットを封筒に入れる

4番

1 お金を払う
2 本を借りる
3 本をコピーする
4 荷物をロッカーに入れる

5番

1 家に帰る
2 病院に行く
3 レポートを書く
4 田中先生の研究室に行く

問題2

問題2では、まず質問を聞いてください。そのあと、問題用紙のせんたくしを読んでください。読む時間があります。それから話を聞いて、問題用紙の1から4の中から、最もよいものを一つ選んでください。

例

1 値段が安いから
2 和食の店だから
3 部長が強くすすめるから
4 田中さんが好きな店だから

1番

1 参加費が安いから
2 いろいろな人と交流できるから
3 施設やサービスがいいから
4 日本文化をよく知ることができるから

2番

1 相手の都合が悪くなったから
2 相手が新たな注文をしてきたから
3 デザインがまだできていないから
4 デザイン担当者が出席できないから

3番

1 タイ
2 インドネシア
3 モンゴル
4 中国

4番

1 値段が手ごろだったから
2 駅から離れているから
3 予約がいっぱいだったから
4 最近使うことが多いから

5番

1 敬語が間違っているから
2 会議に遅れたから
3 謝り方が悪いから
4 しりょうの準備が遅いから

6番

1 東京
2 京都
3 日光
4 北海道

問題 3

問題3では、問題用紙に何も印刷されていません。この問題は、全体としてどんな内容かを聞く問題です。話の前に質問はありません。まず話を聞いてください。それから質問とせんたくしを聞いて、1から4の中から、最もよいものを一つ選んでください。

― メモ ―

問題 4

問題4では、問題用紙に何も印刷されていません。まず文を聞いてください。それから、それに対する返事を聞いて、1から3の中から、最もよいものを一つ選んでください。

— メモ —

問題 5

問題5では、長めの話を聞きます。この問題には練習はありません。メモをとってもかまいません。

1番、2番

問題用紙に何も印刷されていません。まず話を聞いてください。それから、質問とせんたくしを聞いて、1から4の中から、最もよいものを一つ選んでください。

― メモ ―

3番

まず話を聞いてください。それから、二つの質問を聞いて、それぞれ問題用紙の1から4の中から、最もよいものを一つ選んでください。

質問1

1　サラダにする
2　おすしにする
3　煮る
4　油で炒める

質問2

1　サラダにする
2　おすしにする
3　煮る
4　油で炒める

모의고사 제3회

N2

언어지식
(문자·어휘·문법)

― 독해 ―

105분

問題 1　＿＿＿の言葉の読み方として最もよいものを、1・2・3・4から一つ選びなさい。

[1] 話しながら歩いていたので、危うく人とぶつかりそうになった。
　　1　あうく　　　　2　あぶなうく　　　3　きうく　　　　4　あやうく

[2] すぐに返事をするように手で促した。
　1　あらわした　　　2　しめした　　　　3　うながした　　　4　ゆらした

[3] 冬になって灯油の値段が大幅に上がった。
　　1　だいふく　　　2　おおふく　　　　3　だいはば　　　　4　おおはば

[4] 大きな手術だったが、普通の生活に戻れたことは幸運だった。
　　1　こうん　　　　2　こううん　　　　3　こうう　　　　　4　こんうん

[5] 寒い冬も漁師たちは元気だ。
　　1　ぎょし　　　　2　ぎょうし　　　　3　りょうし　　　　4　りょし

問題2 ＿＿＿の言葉を漢字で書くとき、最もよいものを1・2・3・4から一つ選びなさい。

⏳ 2分(1問15秒)

6 住みなれた家を離れるのは、会社を辞めるよりも辛い。
1　貫　　　　　　2　慣　　　　　　3　憤　　　　　　4　墳

7 彼は犬のあつかい方がうまい。
1　及い　　　　　2　吸い　　　　　3　汲い　　　　　4　扱い

8 各政党がかかげているマニフェストは、どれも個性がなく、似たようなものばかりだ。
1　掛げて　　　　2　挙げて　　　　3　掲げて　　　　4　提げて

9 彼の店は今月下旬、銀座にいてんする予定だそうだ。
1　遷店　　　　　2　搬店　　　　　3　移転　　　　　4　遷転

10 彼はお酒が好きなように見えますが、実はあまとうなんです。
1　甘党　　　　　2　甘糖　　　　　3　甘湯　　　　　4　甘桃

問題3 （　　）に入れるのに最もよいものを、1・2・3・4から一つ選びなさい。

11 月に生物が存在する可能（　　）はきわめて低い。
　1 化　　　　　2 的　　　　　3 例　　　　　4 性

12 子供にお金のことで（　　）自由な思いはさせたくない。
　1 未　　　　　2 無　　　　　3 不　　　　　4 非

13 この病気による死亡（　　）はかなり高い。
　1 感　　　　　2 化　　　　　3 率　　　　　4 力

14 うちにも手動（　　）のミシンがありますが、今は全く使っていません。
　1 種　　　　　2 法　　　　　3 感　　　　　4 式

15 経費の約6割を人件（　　）が占めている。
　1 費　　　　　2 額　　　　　3 率　　　　　4 代

問題4 （　　）に入れるのに最もよいものを、1・2・3・4から一つ選びなさい。

16 病気が（　　）なる前に治療を始められてよかった。
 1　軽く　　　　2　厚く　　　　3　重く　　　　4　厳しく

17 身に（　　）のないことで警察に連れて行かれた。
 1　覚え　　　　2　思い　　　　3　扱い　　　　4　試し

18 国民生活と深く関係する問題は、いろいろな角度から（　　）すべきである。
 1　検査　　　　2　反省　　　　3　反対　　　　4　検討

19 分からないようにするために、風呂敷で覆い（　　）。
 1　防いだ　　　2　隠した　　　3　囲んだ　　　4　支えた

20 来年度の予算に、買い替えをするパソコンの購入費も（　　）込んでおいた。
 1　編み　　　　2　組み　　　　3　産み　　　　4　読み

21 彼は部下の反対を押し（　　）新しい事業を始めた。
 1　切って　　　2　持って　　　3　離して　　　4　引いて

22 この中に何が入っているか言い（　　）人に中の物をあげます。
 1　建てた　　　2　当てた　　　3　勝てた　　　4　打てた

問題5 ＿＿＿の言葉に意味が最も近いものを、1・2・3・4から一つ選びなさい。

[23] 彼が書いた本はすべてベストセラーになっている。
1 非常にためになる本
2 非常におもしろい本
3 非常によく売れた本
4 非常に有名な本

[24] もう5時だ。時間が経つのは早いものだ。
1 かかる　　2 飛ぶ　　3 過ぎる　　4 動く

[25] このところ物価は横ばいだ。
1 変化がない
2 変化が大きい
3 上がってきている
4 下がってきている

[26] 血液検査の結果がよかったのでホッとした。
1 うれしかった
2 安心した
3 満足した
4 感激した

[27] 何人ぐらいの人が来るのか、見当もつかない。
1 情報がない
2 予測できない
3 方向がわからない
4 難しい

問題6　次の言葉の使い方として最もよいものを、1・2・3・4から一つ選びなさい。

28 口をきく
1　主人と初めて口をきいたのは電車の中だった。
2　彼は味のことについては口をきいている。
3　あなたの口をきいてからご返事します。
4　そのことは全員口をきいている。

29 取り残す
1　バイキングの料理ではお皿におかずを取り残さないのがマナーです。
2　周りの家は全部マンションになって、うちだけ一軒取り残されてしまった。
3　今日はもう疲れたから、部屋の掃除は明日に取り残そう。
4　山田さんは遅れてくるそうだから、山田さんにお寿司を少し取り残しておこう。

30 整備
1　机の中を整備する。
2　明日の試験の整備をする。
3　パイロットの整備をおこなう。
4　機械の整備に時間がかかる。

31 ぶら下がる
1　彼は急に用事を思い出して、階段を走ってぶら下がった。
2　ケーキを見ると、子供は父親の首にぶら下がって喜んだ。
3　前の方が見にくかったので、少し後ろにぶら下がった。
4　社長は電話中だったので、そっと部屋をぶら下がった。

32 なおさら
1　彼はいつも遅れるから、今日もなおさら遅れるだろう。
2　婚約の時、なおさら高い宝石を買ってもらった。
3　家だけでなく、畑も流されてしまって、なおさらがっかりしただろう。
4　朝から天気が悪かったが、午後になってなおさら雨が降った。

問題 7 次の文の(　)に入れるのに最もよいものを、1・2・3・4から一つ選びなさい。

33 留学する (　　)、まず、語学の基礎をしっかり勉強しておくべきだ。
　1　からか　　　　2　がきっかけで　　3　からには　　　　4　からいうと

34 失敗の繰り返し (　　)、思った以上にいい作品に出来上がった。
　1　の上で　　　　2　に際して　　　　3　の末　　　　　　4　に限って

35 大学を卒業 (　　) 以来会っていなかった友人に、偶然、駅で会った。
　1　して　　　　　2　する　　　　　　3　した　　　　　　4　している

36 受験し (　　) ずいぶん悩んだが、大学に入って本当によかったと思っている。
　1　ないか　　　　2　まいか　　　　　3　ようかしまいか　4　ようではないか

37 学費値上げの問題 (　　)、意見が対立した。
　1　にもとづいて　2　にこたえて　　　3　をめぐって　　　4　といっても

38 この道路はいつも混んでいるのに、今日 (　　) すいている。
　1　にしては　　　2　について　　　　3　に際して　　　　4　に限って

39 就職するか受験するかは、あなたの気持ち (　　)。
　1　次第だ　　　　2　くらいだ　　　　3　に違いない　　　4　みたいだ

40 関東地方から東北地方までの (　　) 雨が降るでしょう。
　1　間にわたって　　　　　　　　　　 2　広さにわたって
　3　広い範囲にわたって　　　　　　　 4　全部にわたって

41 試験の準備は、早く始める (　　)。
　1　に相違ない　　　　　　　　　　　 2　というわけではない
　3　に越したことはない　　　　　　　 4　にすぎない

42 父親があなたを厳しく批判するのは、あなたに対する愛情（　　　）。
1　といったらない
2　にほかならない
3　どころではない
4　ほどのものじゃない

43 A「明日、一人で帰国するんだって？」
　　B「（　　　）主人と一緒に帰りたかったんだけど、休みがとれなかったの。」
1　できるものなら
2　できたとしても
3　できるものだから
4　できたなら

44 就職の面接日程については、大学（　　　）。
1　に通して連絡をもらう
2　から通して連絡が来る
3　から通して連絡をもらう
4　を通して連絡が来る

問題8　次の文の　★　に入る最もよいものを、1・2・3・4から一つ選びなさい。

（問題例）

あそこで ＿＿＿ ＿＿＿ ★ ＿＿＿ は山田さんです。

1　本　　　　　2　読んでいる　　　3　を　　　　　4　人

（解答のしかた）

1．正しい文はこうです。

あそこで ＿＿＿ ＿＿＿ ★ ＿＿＿ は山田さんです。
　　　　　1　本　　3　を　　2　読んでいる　　4　人

2．　★　に入る番号を解答用紙にマークします。

（解答用紙）　（例）　① ● ③ ④

45 魚屋 ＿＿ ＿＿ ★ ＿＿ 魚は今では日本の近海では獲れない。
　1 売っている　　　　　　　　2 サンマやアジ
　3 で　　　　　　　　　　　　4 といった

46 彼は小さい時 ＿＿ ＿＿ ★ ＿＿ クラシック音楽には詳しい。
　1 習っている　　　　　　　　2 から
　3 バイオリンを　　　　　　　4 だけあって

47 周りに人 ＿＿ ＿＿ ★ ＿＿ 大声で泣き出した。
　1 のも　　　2 が　　　3 かまわず　　　4 いる

48 目上の人 ＿＿ ＿＿ ★ ＿＿ が、おきれいですね。
　1 こんな言い方　　　　　　　2 に対して
　3 失礼かもしれません　　　　4 は

49 子供向けの本だと思っていたけど、＿＿ ＿＿ ★ ＿＿ 本だった。
　1 大人が　　　　　　　　　　2 読んでみたら
　3 読んでも　　　　　　　　　4 十分楽しめる

問題9 次の文章を読んで、50 から 54 の中に入る最もよいものを、1・2・3・4 から一つ選びなさい。

人と人の間隔

　バスの停留所でバスを待つ人たちや電車の席に座る人たちの間隔を観察していると実に面白い。バスを待っている人の数が2人の場合、二人の間隔は2m以上ある。また、電車の座席が空いているとき、連れのいない人たちは空いているところに 50 。

　もし、バス停に2人や3人しかいない時にある人が30㎝の間隔で並んだら、ほかの人はおそらく気持ち悪く思うだろう。 51 、すいている電車でほかにも座るところがあるのにすでに座っている人のすぐとなりに座ったら、やはり気持ち悪く思うだろう。

つまり、人は他人に意味なく接近されると不快に感じるのである。では、どのくらいの距離なら不快に感じないのか。それについてのある研究によれば、ごく親しい関係の場合は0～45㎝、相手の表情を読み取る空間なら45㎝～120㎝、手は届かないが会話ができる空間なら1.2～3.5mだそうだ。

　しかし、文化によって 52 距離は異なるそうだ。私自身、文化による違いを経験している。以前、中国に滞在していた時のことだが、ソファーに座った来客である私に、その家の人たちはかなり接近して座り、会話が始まった。慣れないうちは少しとまどったが、徐々に慣れていき、親しさを感じる 53 。

　握手で挨拶し、抱き合う文化の人たちの距離と、お辞儀をしても頭がぶつからない距離を保たなければならない日本文化の距離とでは、人と人の間隔にかなりの違いがみられるのは 54 。

50
1　たっぷりと座る　　　　　　2　余裕をもって座る
3　どっと座る　　　　　　　　4　しみじみと座る

51
1　逆に　　　　2　さらに　　　3　同じように　　　4　つまり

52
1　あんな　　　2　あの　　　　3　いわゆる　　　　4　この

53
1　ようとした　　　　　　　　2　ようではないか
3　ようがない　　　　　　　　4　ようにすらなった

54
1　不思議なことだろう　　　　2　当然のことだろう
3　考えられないことだろう　　4　悲しいことだろう

問題 10　次の(1)から(5)の文章を読んで、後の問いに対する答えとして最もよいものを、1・2・3・4から一つ選びなさい。

(1)

　大豆は「畑の肉」と呼ばれるほど、タンパク質などの栄養が豊富で、長く日本人の健康を支えてきた。みそやしょうゆ、納豆などの伝統的な大豆加工食品は、今なお日本の食卓に欠かせない。その一方で、大豆の自給率は下がり続け、10％にも満たなくなっている。少々心配な状況ではあるが、そうした中でも、新たな大豆加工食品が次々に出現している。大豆から作った飲み物である豆乳は1980年代から販売されているが、ここ数年の改良でぐっと飲みやすい味になり、生産量が増加している。また、大豆を使ったスナック菓子や大豆たんぱくを使ったビールのようなお酒も人気だ。

（注）大豆の自給率：国内消費される大豆が、どのくらい国内で生産されているかを示す割合

55　この文章の内容に合うものはどれか。
1　しょうゆなどの伝統的な食品の原料である大豆は、自給率を上げる必要がある。
2　豆乳は1980年代に発売され、当時から飲みやすく、人気があった。
3　大豆は昔から日本人の食生活に欠かせないものだが、新しい大豆加工食品も生まれている。
4　大豆の自給率を上げるために、大豆を使った新製品が発売されるようになった。

(2)
　人はいったん相手に「こういう人だ」と思われてしまうと、なかなかその印象を修正するのは難しいという。なぜかというと、人間の脳は自分の考えの正しさを補強するような情報を無意識に集めるからである。自分の考えの補強につながらないような情報は、意識化せずに無視するのだ。たとえば、親が自分の子を「よく忘れ物をして困った子どもだ」と思っていると、ある日たまたま忘れ物をしても、「ああ、やっぱり」と、より強く思い、忘れ物をしない日が忘れ物をする日よりはるかに多くても、そのことは無視するのだ。

56 この文章の内容に合うものはどれか。
1　ある脳の働きによって、人が最初に受けた印象は容易には変わらない。
2　その人がどんな人か、最初の印象で判断するのはよくないので、改めるべきだ。
3　親は自分の子を「こういう子どもだ」と決めつけて判断すべきではない。
4　人間の脳は情報を処理する能力に欠け、判断を誤りがちなので、注意が必要だ。

(3)

　日本では、桜の花は春の象徴として人々に愛されています。しかし、本来、春に咲くはずの桜が秋に咲き、ニュースで話題になることがあります。原因として異常気象や温暖化を疑う人もいるようですが、実は葉が関係しているのです。桜は、夏の間に花の芽をすでに作っています。秋には落葉し、休眠して冬の寒さに耐えますが、落葉する前に、葉の中では休眠を誘う物質が作られます。その物質が作られる前に台風などで葉が落ちてしまったり、虫によって葉が食べられたりしてしまうと、休眠できずに、ちょうど春のような気温の秋に開花してしまうのです。

[57] 春に咲くはずの桜が秋に咲くのは、なぜか。
1　異常気象や温暖化がさらに進んだため
2　秋の気温が春の気温と同じぐらいに高くなったため
3　葉の落ちる時期が、本来の時期とずれてしまったため
4　葉が花の芽を作るための物質を早く作り過ぎてしまったため

(4)

　「人間は平等だ。だれでも努力さえすれば、成功できる」と主張する人がいる。幸せな人だと思う。その人は、自分は努力したからこそ成功したのだ、ほかの人もそうできるに違いないと思っているのだろう。いくら努力しても、周囲の環境が成功を許さないという状況を想像できないのだろう。人は国籍も親も選べない。限界だらけの中で生きている。ある意味、思ったようにいかなくて当然だ。うまくいった人はよほど幸運だったのだ。そういう人に限って、なかなか気がつかないのだが、自分だけの体験をもとに安易にものを言うと、人を傷つけてしまうことさえある。

[58] この文章で筆者が主張していることは何か。
1　人間は平等だから、努力さえすれば成功できるはずだ。
2　人間には限界があるから、努力することが一番大切だ。
3　人間にとって大切なのは、人を傷つけないことである。
4　人間は、努力しても必ずしも成功できるとは限らない。

(5)
以下は、市立図書館から来たメールの内容である。

ご予約の資料が用意できましたので、下記の図書館までお越しください。

取り置き期限を過ぎた場合は、お取り消しさせていただきます。

予約日　　タイトル　　取り置き期限
2012/11/13　日本の歴史　　2012/12/10

山田市立中央図書館　　電話番号 012-3456-7890
詳しくは以下のサイトをご覧ください。
http://www.lib.city.yamada.jp/

※なお、図書館システム機器の入れ替えを行うため、
　11月26日(月)～12月8日(土)は全館休館いたします。
※また、上記期間中は、図書館ホームページのサービスも休止いたします。

ご不便をおかけしますが、何卒ご了承ください。

[59] このメールの目的として、適切なものはどれか。
1　図書の取り置きをお願いする
2　予約した図書の到着を知らせる
3　予約のキャンセルをお願いする
4　図書館システムの変更を知らせる

問題11 次の(1)から(3)の文章を読んで、後の問いに対する答えとして最もよいものを、1・2・3・4から一つ選びなさい。

(1)

　医師が説明する診断(注1)の結果、病名、大事なキーワード、治療(注2)の内容など、大事な事柄はできるだけメモをしておくことが必要だ。面接の最中に詳しくメモをすることは、記者のように職業的に取材に慣れている人でないと無理だが、本当に大事なポイントとか重要なキーワードくらいは、その場でメモできるだろう。当然、メモ用紙とペンくらいは持っていなければならない。

　そういう断片的(注3)なメモだけでは、どういう意味だったか、すぐにわからなくなるから、面接が終わったら、待合室(注4)のベンチなどで、会計や投薬(注5)を待つ間に、より詳しくメモを追加する。家に帰ってからまとめて書こうなどと思っていると、忘れてしまうことが多い。やはり病院なり診療所にいるうちに、医師の肉声を耳で思い返しながら、メモづくりをするのがよい。

　そして、メモを書こうとすると、気づかされることがある。わかったつもりで「ハイ、ハイ」と聞いていたことが、実はよくわかっていなかったとか、理屈(注6)がよくわからないとか、今後の治療がどんな日程で進められ、その間に痛みや不快感を味わうことがあるのかどうかについてしっかりと確認していなかった、といったことを思い知らされるのだ。そういった疑問は、次の面接のときに聞くべきものとして、整理(せいり)しておくとよい。

(柳田邦男『元気が出る患者学』新潮社による)

(注1) 診断：医者が病気について判断すること
(注2) 治療：病気やけがを医者などが治すこと
(注3) 断片的な：小さくて部分的な
(注4) 待合室：病院などで順番が来るのを待つための部屋
(注5) 投薬：（医者や病院が患者に）薬を与えること
(注6) 理屈：理由と結論の関係

60 筆者は、面接のときにはどのようにメモをするといいと言っているか。
1 医者が説明することをなるべく詳しく、文章でメモする。
2 医者が説明することのうち、大切なポイントだけをメモする。
3 医者の説明することに「ハイ、ハイ」とうなずきながらメモをする。
4 後で意味がわからなくならないように、医者の話したようにメモをする。

61 筆者は面接が終わったら、どうしたらいいと言っているか。
1 家に帰ってから、自分の書いたメモに足りない内容を詳しく書き加えるといい。
2 医者の話した内容についてよくわからないことを、会計などで聞くといい。
3 面接中に書いたメモの意味をはっきりさせるため、すぐメモを書き加えるといい。
4 病院にいるうちに質問できるように、詳しくメモを書きながら会計を待つといい。

62 メモを書くときに何に気づかされるのか。
1 医者に説明してもらったが、まだよくわかっていないこと
2 メモを取っても、それが後から理解できなくなることがあること
3 医者に説明されて、不快な気持ちになったこと
4 わからないことがあれば、次の面接のときに聞くべきであること

(2)

　かなり前、職人は「仕事は盗んで覚えるものだ」といっていたと伝わっている。私も若いころ、その話に近いことをいう職人たちと働いたことがある。

　しかし私は、そう豪語（注1）する人に限ってさほどの（注2）技量を持っていないと思っていた。いい仕事をする人は、仕事を覚え始める人には親切に基本を教えていたし、少しは仕事ができる人に対しても、その人にとって初めての仕事ならば、やはり道具や機械の扱い方、手順（注3）などを分かりやすく話すという光景に出合っている。

　どうしてそうするかといえば、いい仕事をする人ほど、その仕事の一番大切なところは教わって覚えられるものではないと分かっていて、だからこそ、その最後のところを早く分かってもらえるように、教えられる基本の部分は教えようと考えるのだと思われる。また、自分の仕事能力に自信があるから、教えることを惜しまない（注4）。力がない人ほど、教えようにも何を教えたらいいのかが分からず、教える方法を知らない。また、教えると自分の競争相手を作ることになると考えて、教えることを止めてしまう。「そんな」と思うかもしれないが、結構そのタイプの人がいた。いまも、いる。

（森清『働くって何だ　30のアドバイス』岩波書店による）

（注1）豪語する：自信があるように見せて、大きいことを言う
（注2）さほどの：それほどの
（注3）手順：何かをするときの順番
（注4）惜しまない：もったいないと思わないで、どんどんやる

[63] ①その人とは、だれを指すか。
1 仕事を覚え始める人
2 少しは仕事ができる人
3 いい仕事をする人
4 「仕事は盗んで覚えるものだ」といっている人

[64] ②「そんな」と思うとは、どういう意味か。
1 読者が「そんなことは信じられない」と思う。
2 読者が「そんなことは当然だ」と思う。
3 いい仕事をしている人が「そんなことは信じられない」と思う。
4 いい仕事をしている人が「そんなことは当然だ」と思う。

[65] 筆者は、仕事を教えることについて、どう考えているか。
1 仕事を教えれば、仕事の競争相手をつくってしまう。働いている人が仕事を教えたくないと考えるのは当然だ。
2 仕事を教えたくないと考える人は、実は仕事の能力が低い。能力の高い人は、ちゃんと仕事を教えるものだ。
3 働き始める人は、仕事を教えてもらおうと考えてはいけない。仕事を盗むぐらいの気持ちで働くべきだ。
4 仕事の一番大切な部分だけは、教えるべきだ。働く人は、それを早く理解できるように努力してほしい。

(3)

　「ルール」はなぜあるのでしょうか？

　スポーツを理解するために最初に確認しておきますが、"スポーツは人間が楽しむためのもの"です。これが出発点です。決して「世の中に無ければならないモノ」でもなければ、生きるためにどうしても「必要なモノ」でもありませんが、楽しむためのモノであり、その"スポーツを楽しむ"ために「ルール」があるのです。

　そして、ルールのもとで勝敗を競いますが、このことが楽しくないのであれば、スポーツをする価値はありません。他のことをやった方がずっとマシです。なぜなら、スポーツは「Play/プレー」（＝遊び）だからです。遊びである以上、好きにならなくてはいけないモノではありません。好きでないなら、しなければいいのです。決して無理をする必要はありません。

　スポーツへの参加は強制されるのではなく、自由意思によるものでなければ、「遊び（＝Play）」になりません。（中略）

　「ルール」とは楽しむための具体的な約束事、つまり、「プレー（遊ぶ）」するために存在するのです。「ルール」というのは「いい」「悪い」を判断するものではありません。「楽しいか」「楽しくないか」が第一の判断基準です（ここが「法律とルールの違うところ」です）。

（高峰修『スポーツ教養入門』岩波書店による）

（注）マシ：そのほうが、まだよい

[66] これが出発点ですとは、どういう意味か。
1　スポーツは、人間が楽しむためのものとして生まれた。
2　人間は、スポーツを楽しむ存在として生まれてきた。
3　この文章では、まず、スポーツについて考える。
4　この文章では、まず、楽しむことについて考える。

[67] スポーツのルールと、法律との違いについて、筆者の考えと合うものはどれか。
1　法律は「いい」「悪い」を判断するものだが、スポーツのルールはそれを目的にはしていない。
2　スポーツのルールは「いい」「悪い」を判断するものだが、法律はそれを目的にはしていない。
3　スポーツのルールも法律も「いい」「悪い」を判断するものではないが、法律のほうが具体的である。
4　スポーツのルールも法律も「いい」「悪い」を判断するものではないが、スポーツのルールのほうが具体的である。

[68] 筆者がこの文章で述べていることと合っているものは、どれか。
1　スポーツは遊びなので、ルールに関係なく自由にやればよい。
2　ルールを楽しめるスポーツほど価値の高いスポーツである。
3　スポーツのルールを守るのはつまらないと思うなら、スポーツをする必要はない。
4　スポーツは、ルールを守るためであっても、無理をして頑張りすぎないほうがいい。

問題12　次のＡとＢはそれぞれ、初日の出（1月1日の「日の出」）について書かれた文章である。二つの文章を読んで、あとの問いに対する答えとして最もよいものを、1・2・3・4から一つ選びなさい。

A

「一年の計は元旦にあり」という言葉がある。何事も準備が大切だという教えのようだが、元旦、つまり一月一日にいい朝が迎えられれば、新しい一年が良い年になるという意味でもある。このような考え方がもとになって、初日の出を見る習慣が生まれたのだろう。一年を迎えるにあたり、穏やかで澄んだ気持ちになる。もともと農業を営んできた日本人にとって、太陽は生活と深くかかわる特別な存在だった。太陽を神のように扱い、日の出を大切にするのは、世界各地で見られる習慣でもあるそうだ。

最近は、都心の高層ビルなどで、多くの人に初日の出を見てもらおうと、元旦の早朝に特別に展望台を開放するところもある。若者が日本の伝統に目を向けるきっかけとなればよいと思う。

B

最近では、高層ビルなどの展望台の多くが初日の出のための来場を期待し、1月1日の早朝に特別営業をするようだ。事前に申し込まなくてはいけないが、希望者が多く抽選になることも多いという。

考えてみれば不思議だ。正月にだけ日の出を見たがるのは、なぜなのか。初日の出とともに「年神様」が現れると信じられていたという説もあるが、年神様を迎える儀式としては、日の出を見るよりも家の中で四方（東西南北）を拝むというのが伝統的な形だ。初日の出が注目されるようになったのは、日の出が戦いに勝つ姿を表すとも考えられたためで、明治以降の戦争中のことだとも言われる。そう考えると、我々は現代のこうした〝展望台ビジネス〟に少々踊らされているのかもしれない。

[69] ＡとＢのどちらの文章にも触れられている点は何か。

1 筆者が実際に初日の出を見て感じること
2 初日の出を見るという習慣がある地域
3 日本人が初日の出を見るようになった理由
4 展望台で初日の出を見るために必要なこと

[70] ＡとＢの筆者は、展望台で初日の出を見ることについて、どのような立場をとっているか。

1 ＡもＢも、肯定的である。
2 Ａは肯定的で、Ｂは否定的である。
3 Ａは否定的で、Ｂは肯定的である。
4 ＡもＢも否定的である。

問題13 次の文章を読んで、後の問いに対する答えとして最もよいものを、1・2・3・4から一つ選びなさい。

ひところ、①「それでえ、あたしがぁ、言ったらァ」と表記されるようなしゃべり方が耳についた。文節の最後を急に上げたあと下げる。記録によると、1970年代に発生し、今はさして若くない女性にまでも広がっている。

あちこちで話題になったのに、名前はまだ確定していない。語尾を上げ、伸ばすところに着目して「語尾上げ語尾伸ばし」という人もいる。「尻上がりイントネーション」と言うこともある。（中略）

なおこのイントネーションについては、全国的実地調査の結果や年齢別の調査結果はお目にかかりにくい。自分で使っているのに、気づかない、それと意識しない（できない）人がいるからである。全国102の中学校あてにカセットテープを送って再生してもらい、自分で使うか、耳にするかを記入してもらった結果では、関東に使用者が多くて、関西は少ないという地域差が出た。しかし関西をとびこえて中国地方には普及しているなど、きれいに説明しにくい分布を示す。一方、テレビで関西の女性が使うのを耳にすることもある。東京付近から広がったことは確かだが、②現在の使用状況の地域差は把握しにくい。

このイントネーションを使った実例を集めて、使っていない例を混ぜて東京の学生に聞かせて感じを記入してもらったところ、栃木・茨城あたりの年寄りの使う口調とはまったく別の印象を与え、使ったときには、「かわいい」「甘えている」など以外に「押しつけがましい」などの感じを与えると分かった。さらに、いろいろな話し方を聞かせて実験してみると、このイントネーションを使うと実際より若く聞こえる。

また録画した会話をみると、聞き手がうなずく例が多い。「エー」「ウン」などのあいづちも打つ。また相手が話しに割りこむことはない（実例は高校生の討論番組で司会者が割りこんだ例だけだった）。自分の話しを続けるために有効な手段といえる。

ただこれは悪い印象を与える原因にもなる。相手の割りこみを許さないのだが、日本では、目上の人は相手の話しに割りこむ権利をもつ。それを妨害するわけだから、このイントネーションが、好意的に受け取られず、押しつけがましくひびくのだ。

（井上史雄『日本語ウォッチング』岩波書店による）

（注1）ひところ：以前のある時期
（注2）さして：それほど
（注3）語尾：言葉の最後のところ
（注4）イントネーション：発音するときの音の高低パターン
（注5）把握する：しっかりと理解する
（注6）押しつけがましい：無理に話を聞かせようとするようす
（注7）割りこむ：まだ続いている会話の中に無理に入って、新しく話し始める
（注8）妨害する：じゃまをする

71 ①「それでえ、あたしがぁ、言ったらア」と表記されるようなしゃべり方の説明として、正しいものはどれか。

1 1970年に生まれたしゃべり方だが、今ではあまり聞かれなくなってしまった。
2 特別なイントネーションのしゃべり方で、このしゃべり方ができない人が多い。
3 文の最後を急に上げてから下げるしゃべり方で、いろいろな名前で呼ばれている。
4 「尻上がりイントネーション」とも言われるしゃべり方で、若い人だけに見られる。

72 ②現在の使用状況の地域差は把握しにくいのは、なぜか。

1 使用状況は、東京だけでしか調査できないから
2 使用状況を示すデータがいろいろあって、説明しにくいから
3 使用状況の調査はいろいろあって、方法を一つに決められないから
4 使用状況の調査をどこでやるべきか、調査地域を決めるのが難しいから

73 筆者は、このイントネーションについて、どのような立場をとっているか。

1 このイントネーションはあまり使わないほうがいいと主張している。
2 このイントネーションは今後も普及していくだろうと予想している。
3 このイントネーションの使われ方や効果を明らかにしようとしている。
4 このイントネーションが生まれた理由や背景を調査しようとしている。

問題14　右のページは、ホテルブロールの宿泊案内である。下の問いに対する答えとして最もよいものを、1・2・3・4から一つ選びなさい。

74　陳さんは、2週間後、1人でこのホテルに宿泊したいと考えている。たばこのにおいが嫌いなので、禁煙ルームを希望している。その場合、一番安く泊まれるプランはどれか。

1　通常プラン
2　朝食付きプラン
3　レディースプラン
4　ルームシアタープラン

75　加藤さんは、5週間後に夫婦と5歳の子ども1人の家族3人で、このホテルを一部屋利用したいと考えている。ホテルで朝食をとることを希望している。一番安く泊まるにはどうしたらよいか。

1　通常プランを予約し、当日朝食をホテルのレストランでとる。
2　ゆったりプランを早期予約割引で予約する。
3　朝食付きプランを早期予約割引で予約する。
4　レディースプランを予約する。

ホテルブロールご宿泊プランご案内

◆人気の特別ご宿泊プラン

当ホテルでは、様々なお得なプランをご用意しております。ぜひご利用ください。

§ **朝食付きプラン**
　メニュー豊富なご朝食を和洋バイキングスタイルでお召し上がりください。
　　ご利用時間：6：30～9：30(平日)/7：00～10：30(土・日・祝日)

§ **レディースプラン(女性限定)**
　広めのお部屋に3人でお得にお泊りいただけます。お部屋にマッサージ機や化粧品など、いやしのグッズを多数取り揃えております。

§ **ルームシアタープラン**
　お部屋の大画面テレビで300番組の中からお好きな映画をお好きな時間にご覧いただけます。

§ **ゆったりプラン**
　チェックインは午後1時からチェックアウトは翌日12：00のホテルでゆっくりお過ごしいただけるプランです。

＊通常プランもご用意しております。

◆宿泊プラン料金

(税込：円)

	シングル	ツイン	
通常プラン	6000	5000	☺ 禁はツインのみ
朝食付きプラン	6700	5700	早　☺　朝　禁
レディースプラン	―	―	朝　禁　3人でお泊りいただけます(一部屋9000円)
ルームシアタープラン	―	5500	
ゆったりプラン	7000	6000	早　☺　朝　禁

＊料金はいずれもお一人様あたりです。ツインルームはお二人でご利用いただけます。

＊朝は朝食付きです。朝食の付かないプランはお一人様1000円にてご提供させていただきます(当日レストランにて受け付けます)。

＊早は早期予約割引です。1か月前までにご予約いただけますと、宿泊料が10％引きになります。

＊☺はツインご利用の場合、お子様(6歳まで)にエクストラベットをご用意させていただきます。料金は無料です。

＊禁は禁煙ルームのご用意ができます。

모의고사 제3회

N2

청해

55분

問題 1

問題1では、まず質問を聞いてください。それから話を聞いて、問題用紙の1から4の中から、最もよいものを一つ選んでください。

例

1　しりょうをコピーする
2　しりょうをメールで送る
3　しりょうの内容をチェックする
4　しりょうのグラフを修正する

1番

1　商品の名前を目立たせる
2　ほかの写真を使う
3　会社の名前を大きくする
4　全体の色を明るくする

2番

1 もうしこみ書に署名をする
2 写真をもう一度撮る
3 写真の裏に名前を書く
4 説明会に参加する

3番

1 そうじ道具を受け取る
2 記念品をもらう
3 そのまま説明を聞く
4 そうじの作業を始める

4番

1 明日は10時に来て、明後日から9時に来る。
2 明日からずっと9時に来る。
3 明日は9時に来て、明後日から9時に来る。
4 明日からずっと10時に来る。

5番

1 妻とすし屋に行く
2 妻とフランス料理店に行く
3 妻のために料理を作る
4 妻に料理を作ってもらう

問題2

問題2では、まず質問を聞いてください。そのあと、問題用紙のせんたくしを読んでください。読む時間があります。それから話を聞いて、問題用紙の1から4の中から、最もよいものを一つ選んでください。

例

1 値段が安いから
2 和食の店だから
3 部長が強くすすめるから
4 田中さんが好きな店だから

1番

1 写真を使って日記をつけるため
2 あとで同じものを買うため
3 お菓子の名前を覚えるため
4 デザインを参考にするため

2番

1 遠回りをしたから
2 買い物をしたから
3 迷子になったから
4 時間を間違えたから

3番

1 銀行の前
2 コンビニのとなり
3 デパートの食品売り場
4 雑貨屋があったところ

4番
ばん

1 味が濃いこと
2 めんが細いこと
3 健康にいいこと
4 量が多いこと

5番
ばん

1 早く走れるようになるため
2 若さと健康を保つため
3 体を丈夫にするため
4 自分の体力を知るため

6番

1 人に気持ちを伝えること
2 人を感動させること
3 人に感情を起こすこと
4 人を悲しませること

問題 3

問題3では、問題用紙に何も印刷されていません。この問題は、全体としてどんな内容かを聞く問題です。話の前に質問はありません。まず話を聞いてください。それから質問とせんたくしを聞いて、1から4の中から、最もよいものを一つ選んでください。

— メモ —

問題 4

問題4では、問題用紙に何も印刷されていません。まず文を聞いてください。それから、それに対する返事を聞いて、1から3の中から、最もよいものを一つ選んでください。

― メモ ―

問題5

問題5では、長めの話を聞きます。この問題には練習はありません。メモをとってもかまいません。

1番、2番

問題用紙に何も印刷されていません。まず話を聞いてください。それから、質問とせんたくしを聞いて、1から4の中から、最もよいものを一つ選んでください。

― メモ ―

3番

まず話を聞いてください。それから、二つの質問を聞いて、それぞれ問題用紙の1から4の中から、最もよいものを一つ選んでください。

質問1

1　カレンダーに印をつける
2　手帳に書き込む
3　パソコンに管理させる
4　自分の頭で覚えておく

質問2

1　カレンダーに印をつける
2　手帳に書き込む
3　パソコンに管理させる
4　自分の頭で覚えておく

중고급 한국어능력시험 모의고사 N2 解答用紙

第1回 言語知識（文字・語彙・文法）・読解

名前 Name

〈ちゅうい Notes〉
1. くろいえんぴつ(HB、No.2)でかいてください。
   (ペンやボールペンではかかないでください)
   Use a black medium soft (HB or No 2) pencil.
   (Do not use any kind of pen.)
2. かきなおすときは、けしゴムできれいにけしてください。
   Erase any unintended marks completely.
3. きたなくしたり、おったりしないでください。
   Do not soil or bend this sheet.
4. マークれい Marking examples

よいれい Correct Example	わるいれい Incorrect Examples
●	⊘ ⊙ ◐ ○ ◑

問題 1

	①	②	③	④
1	①	②	③	④
2	①	②	③	④
3	①	②	③	④
4	①	②	③	④
5	①	②	③	④

問題 2

	①	②	③	④
6	①	②	③	④
7	①	②	③	④
8	①	②	③	④
9	①	②	③	④
10	①	②	③	④

問題 3

	①	②	③	④
11	①	②	③	④
12	①	②	③	④
13	①	②	③	④
14	①	②	③	④
15	①	②	③	④

問題 4

	①	②	③	④
16	①	②	③	④
17	①	②	③	④
18	①	②	③	④
19	①	②	③	④
20	①	②	③	④
21	①	②	③	④
22	①	②	③	④

問題 5

	①	②	③	④
23	①	②	③	④
24	①	②	③	④
25	①	②	③	④
26	①	②	③	④
27	①	②	③	④

問題 6

	①	②	③	④
28	①	②	③	④
29	①	②	③	④
30	①	②	③	④
31	①	②	③	④
32	①	②	③	④

問題 7

	①	②	③	④
33	①	②	③	④
34	①	②	③	④
35	①	②	③	④
36	①	②	③	④
37	①	②	③	④
38	①	②	③	④
39	①	②	③	④
40	①	②	③	④
41	①	②	③	④
42	①	②	③	④
43	①	②	③	④
44	①	②	③	④

問題 8

	①	②	③	④
45	①	②	③	④
46	①	②	③	④
47	①	②	③	④
48	①	②	③	④

問題 9

	①	②	③	④
49	①	②	③	④
50	①	②	③	④
51	①	②	③	④
52	①	②	③	④
53	①	②	③	④
54	①	②	③	④

問題 10

	①	②	③	④
55	①	②	③	④
56	①	②	③	④
57	①	②	③	④
58	①	②	③	④
59	①	②	③	④

問題 11

	①	②	③	④
60	①	②	③	④
61	①	②	③	④
62	①	②	③	④
63	①	②	③	④
64	①	②	③	④
65	①	②	③	④
66	①	②	③	④
67	①	②	③	④
68	①	②	③	④

問題 12

	①	②	③	④
69	①	②	③	④
70	①	②	③	④

問題 13

	①	②	③	④
71	①	②	③	④
72	①	②	③	④
73	①	②	③	④

問題 14

	①	②	③	④
74	①	②	③	④
75	①	②	③	④

막! 한권 일본어능력시험 모의고사 N2 解答用紙

第1回 聴解

名前
Name

〈ちゅうい Notes〉

1. くろいえんぴつ(HB、No.2)でかいてください。
   (ペンやボールペンではかかないでください)
   Use a black medium soft (HB or No.2) pencil.
   (Do not use any kind of pen.)
2. かきなおすときは、けしゴムできれいにけしてください。
   Erase any unintended marks completely.
3. きたなくしたり、おったりしないでください。
   Do not soil or bend this sheet.
4. マークれい Marking examples

よいれい Correct Example	わるいれい Incorrect Examples
●	⊘ ⊙ ○ ◎ ① ◉

問題 1

	①	②	③	④
例	①	●	③	④
1	①	②	③	④
2	①	②	③	④
3	①	②	③	④
4	①	②	③	④
5	①	②	③	④

問題 2

	①	②	③	④
例	①	●	③	④
1	①	②	③	④
2	①	②	③	④
3	①	②	③	④
4	①	②	③	④
5	①	②	③	④
6	①	②	③	④

問題 3

	①	②	③	④
例	①	②	●	④
1	①	②	③	④
2	①	②	③	④
3	①	②	③	④
4	①	②	③	④
5	①	②	③	④

問題 4

	①	②	③
例	●	②	③
1	①	②	③
2	①	②	③
3	①	②	③
4	①	②	③
5	①	②	③
6	①	②	③
7	①	②	③
8	①	②	③
9	①	②	③
10	①	②	③
11	①	②	③

問題 5

		①	②	③	④
1		①	②	③	④
2		①	②	③	④
3	(1)	①	②	③	④
	(2)	①	②	③	④

막판! 한권 일본어능력시험 모의고사 N2 解答用紙

第2回 言語知識 (文字・語彙・文法)・読解

名前 / Name

〈ちゅうい Notes〉

1. くろいえんぴつ(HB、No.2)でかいてください。
   Use a black medium soft (HB or No.2) pencil.
   (ペンやボールペンではかかないでください)
   (Do not use any kind of pen.)
2. かきなおすときは、けしゴムできれいにけしてください。
   Erase any unintended marks completely.
3. きたなくしたり、おったりしないでください。
   Do not soil or bend this sheet.
4. マークれい Marking examples

よいれい Correct Example	わるいれい Incorrect Examples
●	⊘ ⊙ ◐ ○ ◑ ●

問題 1

	①	②	③	④
1	①	②	③	④
2	①	②	③	④
3	①	②	③	④
4	①	②	③	④
5	①	②	③	④

問題 2

	①	②	③	④
6	①	②	③	④
7	①	②	③	④
8	①	②	③	④

問題 3

	①	②	③	④
9	①	②	③	④
10	①	②	③	④
11	①	②	③	④
12	①	②	③	④
13	①	②	③	④
14	①	②	③	④
15	①	②	③	④

問題 4

	①	②	③	④
16	①	②	③	④
17	①	②	③	④
18	①	②	③	④
19	①	②	③	④
20	①	②	③	④
21	①	②	③	④
22	①	②	③	④

問題 5

	①	②	③	④
23	①	②	③	④
24	①	②	③	④
25	①	②	③	④
26	①	②	③	④
27	①	②	③	④

問題 6

	①	②	③	④
28	①	②	③	④
29	①	②	③	④
30	①	②	③	④
31	①	②	③	④
32	①	②	③	④

問題 7

	①	②	③	④
33	①	②	③	④
34	①	②	③	④
35	①	②	③	④
36	①	②	③	④
37	①	②	③	④
38	①	②	③	④
39	①	②	③	④
40	①	②	③	④
41	①	②	③	④
42	①	②	③	④
43	①	②	③	④
44	①	②	③	④

問題 8

	①	②	③	④
45	①	②	③	④
46	①	②	③	④
47	①	②	③	④
48	①	②	③	④
49	①	②	③	④

問題 9

	①	②	③	④
50	①	②	③	④
51	①	②	③	④
52	①	②	③	④
53	①	②	③	④
54	①	②	③	④

問題 10

	①	②	③	④
55	①	②	③	④
56	①	②	③	④
57	①	②	③	④
58	①	②	③	④
59	①	②	③	④

問題 11

	①	②	③	④
60	①	②	③	④
61	①	②	③	④
62	①	②	③	④
63	①	②	③	④
64	①	②	③	④
65	①	②	③	④
66	①	②	③	④
67	①	②	③	④
68	①	②	③	④

問題 12

	①	②	③	④
69	①	②	③	④
70	①	②	③	④

問題 13

	①	②	③	④
71	①	②	③	④
72	①	②	③	④
73	①	②	③	④

問題 14

	①	②	③	④
74	①	②	③	④
75	①	②	③	④

맞!한권 일본어능력시험 모의고사 N2 解答用紙

第2回 聴解

名前
Name

問題 1

	①	②	③	④
例	①	●	③	④
1	①	②	③	④
2	①	②	③	④
3	①	②	③	④
4	①	②	③	④
5	①	②	③	④

問題 2

	①	②	③	④
例	●	②	③	④
1	①	②	③	④
2	①	②	③	④
3	①	②	③	④
4	①	②	③	④
5	①	②	③	④
6	①	②	③	④

問題 3

	①	②	③	④
例	①	②	●	④
1	①	②	③	④
2	①	②	③	④
3	①	②	③	④
4	①	②	③	④
5	①	②	③	④

問題 4

	①	②	③
例	①	●	③
1	①	②	③
2	①	②	③
3	①	②	③
4	①	②	③
5	①	②	③
6	①	②	③
7	①	②	③
8	①	②	③
9	①	②	③
10	①	②	③
11	①	②	③

問題 5

		①	②	③	④
1		①	②	③	④
2		①	②	③	④
3	(1)	①	②	③	④
	(2)	①	②	③	④

〈ちゅうい Notes〉

1. くろいえんぴつ(HB, No.2)でかいてください。
   (ペンやボールペンではかかないでください)
   Use a black medium soft (HB or No.2) pencil.
   (Do not use any kind of pen.)
2. かきなおすときは、けしゴムできれいにけしてください。
   Erase any unintended marks completely.
3. きたなくしたり、おったりしないでください。
   Do not soil or bend this sheet.
4. マークれい Marking examples

よいれい Correct Example	わるいれい Incorrect Examples
●	⊘ ⊖ ◍ ○ ◐ ⊙

막! 한권 일본어능력시험 모의고사 N2 解答用紙

第3回 言語知識（文字・語彙・文法）・読解

名前 Name

〈ちゅうい Notes〉

1. くろいえんぴつ(HB、No.2)でかいてください。
   (ペンやボールペンではかかないでください)
   Use a black medium soft (HB or No.2) pencil.
   (Do not use any kind of pen.)
2. かきなおすときは、けしゴムできれいにけしてください。
   Erase any unintended marks completely.
3. きたなくしたり、おったりしないでください。
   Do not soil or bend this sheet.
4. マークれい Marking examples

よいれい Correct Example	わるいれい Incorrect Examples
●	⊘ ⊙ ◐ ○ ◍ ⦸

問題 1

1	①	②	③	④
2	①	②	③	④
3	①	②	③	④
4	①	②	③	④
5	①	②	③	④

問題 2

6	①	②	③	④
7	①	②	③	④
8	①	②	③	④
9	①	②	③	④
10	①	②	③	④

問題 3

11	①	②	③	④
12	①	②	③	④
13	①	②	③	④
14	①	②	③	④

問題 4

15	①	②	③	④
16	①	②	③	④
17	①	②	③	④
18	①	②	③	④
19	①	②	③	④
20	①	②	③	④
21	①	②	③	④
22	①	②	③	④

問題 5

23	①	②	③	④
24	①	②	③	④
25	①	②	③	④
26	①	②	③	④
27	①	②	③	④

問題 6

28	①	②	③	④
29	①	②	③	④
30	①	②	③	④
31	①	②	③	④
32	①	②	③	④

問題 7

33	①	②	③	④
34	①	②	③	④
35	①	②	③	④
36	①	②	③	④
37	①	②	③	④
38	①	②	③	④
39	①	②	③	④
40	①	②	③	④
41	①	②	③	④
42	①	②	③	④
43	①	②	③	④
44	①	②	③	④

問題 8

45	①	②	③	④
46	①	②	③	④
47	①	②	③	④
48	①	②	③	④
49	①	②	③	④

問題 9

50	①	②	③	④
51	①	②	③	④
52	①	②	③	④
53	①	②	③	④
54	①	②	③	④

問題 10

55	①	②	③	④
56	①	②	③	④
57	①	②	③	④
58	①	②	③	④
59	①	②	③	④

問題 11

60	①	②	③	④
61	①	②	③	④
62	①	②	③	④
63	①	②	③	④
64	①	②	③	④
65	①	②	③	④
66	①	②	③	④
67	①	②	③	④
68	①	②	③	④

問題 12

69	①	②	③	④
70	①	②	③	④

問題 13

71	①	②	③	④
72	①	②	③	④
73	①	②	③	④

問題 14

74	①	②	③	④
75	①	②	③	④

중·한일본어능력시험 모의고사 N2 해답용지

第3回 聴解

名前 / Name

〈ちゅうい Notes〉

1. くろいえんぴつ(HB、No.2)でかいてください。
   (ペンやボールペンではかかないでください)
   Use a black medium soft (HB or No.2) pencil.
   (Do not use any kind of pen.)
2. かきなおすときは、けしゴムできれいにけしてください。
   Erase any unintended marks completely.
3. きたなくしたり、おったりしないでください。
   Do not soil or bend this sheet.
4. マークれい Marking examples

よいれい Correct Example	わるいれい Incorrect Examples
●	⊘ ⊙ ◯ ● ⦶ ◐

問題 1

問題	1	2	3	4
例	①	②	●	④
1	①	②	③	④
2	①	②	③	④
3	①	②	③	④
4	①	②	③	④
5	①	②	③	④

問題 2

問題	1	2	3	4
例	①	●	③	④
1	①	②	③	④
2	①	②	③	④
3	①	②	③	④
4	①	②	③	④
5	①	②	③	④
6	①	②	③	④

問題 3

問題	1	2	3	4
例	①	②	●	④
1	①	②	③	④
2	①	②	③	④
3	①	②	③	④
4	①	②	③	④
5	①	②	③	④

問題 4

問題	1	2	3
例	①	●	③
1	①	②	③
2	①	②	③
3	①	②	③
4	①	②	③
5	①	②	③
6	①	②	③
7	①	②	③
8	①	②	③
9	①	②	③
10	①	②	③
11	①	②	③

問題 5

問題	1	2	3	4
1	①	②	③	④
2	①	②	③	④
3 (1)	①	②	③	④
3 (2)	①	②	③	④